공부가 되는
그리스로마 **신화**

〈공부가 되는〉 시리즈 ❻
공부가 되는
그리스로마 신화

초판 1쇄 발행 2011년 1월 26일
초판 20쇄 발행 2020년 4월 28일

지은이 글공작소

펴낸이 이상순　**주간** 서인찬　**편집장** 박윤주　**제작이사** 이상광
기획편집 박월, 김한솔, 최은정, 이주미, 이세원　**디자인** 유영준, 이민정
마케팅홍보 신희용, 김경민　**경영지원** 고은정

펴낸곳 (주)도서출판 아름다운사람들
주소 (10881) 경기도 파주시 회동길 103
대표전화 (031) 8074-0082　**팩스** (031) 955-1083
이메일 books777@naver.com
홈페이지 www.books114.net

ⓒ2011, 글공작소
ISBN 978-89-6513-076-5　63890

파본은 구입하신 서점에서 교환해 드립니다.
이 책은 저작권법에 의하여 보호를 받는 저작물이므로 무단 전재와 복제를 금합니다.

공부가 되는 그리스로마 신화

지음 글공작소 | **추천** 오양환 (前 하버드대 교수)

아름다운사람들

공부가 되는 그리스로마신화

티탄족과 제우스의 전쟁 … 12
티탄족과 올림포스 신
토성과 천왕성이 된 제우스의 조상들
올림포스의 12신
행성 이야기

신의 불을 훔친 프로메테우스 … 21
프로메테우스의 불

바람둥이 제우스와 여신 헤라 … 26
헤라
유럽(Europe)과 에우로페(Europe)

제우스와 판도라의 상자 … 33
판도라의 상자
헤르메스 그리고 수성
그리스의 서사 시인 헤시오도스

아프로디테를 감동시킨 피그말리온의 사랑 … 39
아프로디테 그리고 금성
밀로의 비너스
피그말리온 효과

헤라, 아테나, 아프로디테와 황금 사과 … 45
파리스의 사과
아테나와 독일의 철학자 헤겔

설득력을 잃은 카산드라의 예언 … 51
카산드라의 예언
스파르타 교육이란?

에로스의 두 화살 ··· 57
월계관
토머스 불핀치

천년의 예언가 시빌레 ··· 62
아폴론의 사랑
시빌레의 서책

디오니소스와 미다스 왕 ··· 68
디오니소스
대박을 터뜨리는 미다스의 손
디오니소스와 마니아

에로스와 프시케의 사랑 ··· 75
큐피드의 화살
페르세포네와 데메테르
넥타르와 암브로시아

키메라를 무찌른 벨레로폰 ··· 83
올림픽 대회
벨레로폰의 편지

어머니와 결혼한 오이디푸스 ··· 89
오이디푸스 콤플렉스
엘렉트라 콤플렉스

자기 얼굴에 반해 버린 나르키소스 ··· 97
영어가 된 신화 이야기
나르시시즘과 수선화

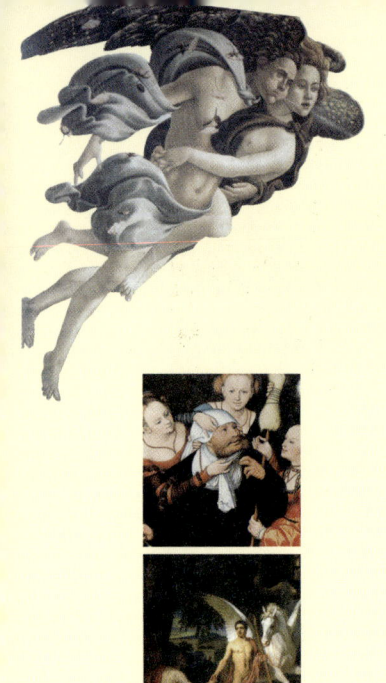

신들의 미움을 받은 시시포스 ··· 103
난폭한 전쟁 신, 아레스 그리고 화성
하데스와 명왕성
알베르토 카뮈의 「시시포스의 신화」

메두사의 목을 자른 페르세우스 ··· 110
메두사 효과

헤라클레스와 두 여인 ··· 118
헤라클레스의 선택

헤라클레스의 열두 과업 ··· 123
델포이 신전
헤라클레스의 탑과 헤라클레스장수풍뎅이
아마존
지도책, 아틀라스(atlas)
은하수가 된 헤라의 젖

헤라클레스의 최후 ··· 133
네서스의 셔츠

테세우스의 여섯 가지 모험 ··· 138
아테나 여신의 도시, 아테네
프로크루테스의 침대

미노타우로스를 물리친 테세우스 ··· 144
아리아드네의 실
디오니소스의 선물, 북쪽왕관자리
별자리 이야기
황도 12궁 별자리

날개를 가진 다이달로스와 이카로스 ··· 154
헤파이스토스
이카로스의 날개

아킬레우스의 약점 ... 161
아킬레스건

트로이 목마의 비밀 ... 168
트로이의 목마
역사를 만든 상인, 슐리만

오디세우스의 고난 ... 174
포세이돈과 해왕성
스킬라와 칼립디스 사이
호메로스의 『일리아스』 그리고 『오디세이아』

집으로 돌아온 오디세우스 ... 181
페넬로페의 베 짜기
멘토(mentor)란 말의 어원

고르디우스의 매듭과 알렉산더 대왕 ... 186
고르디우스의 매듭
알렉산더 대왕과 헬레니즘 문화

아탈란타 공주와 달리기 시합 ... 192
아르테미스
그리스 신화 혹은 그리스로마 신화

아이들에게 그리스로마 신화가 좋은 이유

1 인류의 지식 창고, 그리스로마 신화

우리에게 소설 〈좁은 문〉으로 잘 알려진 노벨문학상 작가 앙드레 지드는 이런 말을 했습니다.

"나는 어떤 글을 쓰든지 중요한 모티브는 모두 그리스로마 신화에서 찾았다."

한 마디로 그리스로마 신화는 생각의 근원을 이루는 지식과 교양 그리고 상상력과 창의력의 창고라는 말이겠지요.

굳이 앙드레 지드의 말을 빌리지 않더라도 인류의 위대한 정신 문화 중 하나가 그리스로마 신화라는 데에 의의를 제기할 사람은 아무도 없을 것입니다. 그리스를 중심으로 꽃피운 고대 선진 문화도 밑바탕에는 그리스 신화가 자리 잡고 있습니다. 이 그리스 신화가 로마로 퍼져 나가 오늘날의 그리스로마 신화를 탄생시킵니다. 또 종교 중심의 중세 암흑기를 거부하고 인간 중심의 학문과 예술을 되살린 르네상스도 그 밑바탕에는 그리스로마 신화가 자리 잡고 있습니다. 그래서 당시 많은 예술가들은 그리스로마 신화를 배경으로 문학·미술·건축·조각 등 여러 방면에 걸쳐 인류사에 뛰어난 작품을 통해 문화의 꽃을 피웁니다. 이렇게 그리스로마 신화는 고대와 중세를 거쳐 오늘날에까지 이어져 오면서 인류의 지식 창고 역할을 하고 있습니다.

2 왜 그리스로마 신화인가?

　대부분의 신화는 그 나라와 민족의 정당성을 증명하기 위해, 하늘의 자손, 즉 신의 선택을 받았다는 긍지를 갖기 위해 만들어집니다. 그렇게 만들어진 신화는 그 민족의 특성을 담고 있고 정신적 뿌리 역할을 합니다. 그러다보니 대부분의 신화는 지나치게 엄격하여 가까이하기에는 너무 멀리 있습니다. 이와는 달리 그리스로마 신화는 신으로서의 거대한 능력은 부여받았지만 행동이나 감정에 있어서 인간의 모습을 그대로 투영하는 신들이 등장합니다. 그들은 때로는 고통받고, 때로는 질투하고, 때로는 싸우는 모습까지 바로 인간의 모습 그대로를 보여줍니다. 그래서 그리스로마 신화는 신화이면서도 마치 사람 이야기를 하는 듯 느껴집니다. 이렇듯 그리스로마 신화는 인간의 다양한 욕망과 본성, 거기에 거대한 인간의 상상력이 더해진 재미와 더불어 인간 삶의 근원과 가치를 함께 담고 있기 때문입니다.

3 서양 문화의 뿌리가 담겨 있는 그리스로마 신화

　고대 그리스를 중심으로 일어난 인간 중심의 문화를 헬레니즘이라고 합니다. 그리고 성경을 바탕에 두고 있는 신 중심의 문화를 헤브라이즘이라고 합니다. 헬레니즘이 사람의 감정과 가치에 지대한 영향을 미치는 문화적 유산이라면 헤브라이즘은 인간의 신앙에 지대한 영향을 미치는 정신적 유산입니다. 그리고 사람들은 이 둘을 서양 사상의 양대 뿌리라고 일컫습니다. 그래서 그리스로마 신화를 이해한다는 것은 바로 헤브라이즘과 더불어 서양 문화의 바탕을 이루는 거대한 한 뿌리를 이해하는 것입니다.

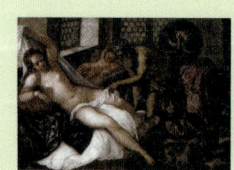

4 상상력과 창의력을 여는 《공부가 되는 그리스로마 신화》

　공상은 내 마음대로 생각하는 것이지만 상상력은 이성과 더불어 교양, 지식 등 현실의 힘을 바탕으로 이루어지는 생각의 힘입니다. 인류는 이 상상력과 창의력을 바탕으로 한 생각하는 힘에 의해서 오늘날의 문명을 만들어 낼 수 있었습니다. 그리스로마 신화는 인간에게 바로 그 상상력과 창의력의 주춧돌을 제공합니다. 뿐만 아니라 지금 같은 글로벌 시대에 우리 아이들이 그리스로마 신화를 읽는 것은 국제적 문화 소양을 갖추는 지름길이기도 합니다. 우리 아이들이 그리스로마 신화를 통하여 부디 글로벌 시대에 걸맞은 국제적 문화 소양도 함께 갖추어 미래의 주인공으로 거듭나기를 바랍니다.

티탄족과 제우스의 전쟁

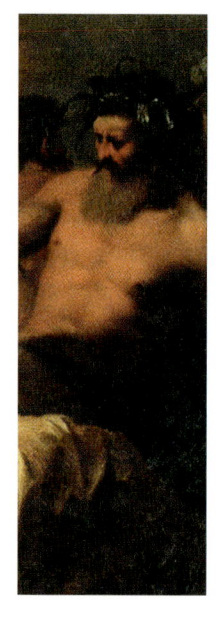

　하늘과 인간을 다스리는 제우스는 모든 신들 위에 군림하는 최고의 신이에요. 최고의 신답게 천둥과 번개를 마음대로 사용하지요. 하지만 제우스가 이런 최고의 신이 되기까지는 수많은 우여곡절이 있었어요.
　제우스의 아버지는 티탄족인 시간의 신 크로노스였어요. 제우스가 신들의 왕이 되기 전에는 바로 크로노스가 세상 최고의 신이었지요.
　어느 날, 크로노스는 아들의 손에 의해 쫓겨나게 될 것이라는 예언을 듣고 소스라치게 놀랐어요.
　"너도 네 아들에 의해 쫓겨날 것이다!"
　"뭐라고, 나도 내 아들에게 쫓겨난다고! 이건 있을 수 없는 일이야!"
　사실, 크로노스는 자신의 아버지인 우라노스를 쫓아내고 최

자기 자식을 잡아먹는 크로노스

자신의 자리를 위협할까 두려워 자식들을 잡아먹는 크로노스의 모습이다. 프란시스코 고야의 작품이다.

고의 신 자리에 올랐어요. 그런데 자신도 아들에 의해서 왕 자리에서 쫓겨난다니 놀라지 않을 수 없었지요.

그래서 겁이 난 크로노스는 아내 레아가 아이를 낳을 때마다 모두 자신의 배 속으로 꿀꺽 삼켜 버렸어요. 저승의 신 하데스, 바다의 신 포세이돈 등 여러 신들은 태어나자마자 곧바로 크로노스의 배 속에 갇히게 되었어요. 아이를 낳을 때마다 크로노스가 잡아먹어 버리니 어머니인 레아는 안타까움에 이러지도 못하고 저러지도 못한 채 속만 타들어갔어요.

티탄족과 올림포스 신

그리스로마 신화에서는 제우스를 기준으로 시대가 나누어져요. 성경에서는 예수님을 기준으로 예수님 이전의 이야기는 구약 성서, 예수님 시대의 이야기를 신약 성서라고 하는 것처럼 말이에요. 그리스로마 신화에서 제우스 이전에 세상을 다스린 신들의 무리를 티탄족이라고 불렀어요. 그래서 제우스 이전의 시대는 티탄족의 시대, 제우스의 시대는 올림포스 신들의 시대로 구분되지요. 제우스의 아버지인 크로노스는 그 티탄족들 중에 최고의 신이었어요. 티탄은 영어로 타이탄이라고 부르지요. 티탄족의 막내였던 크로노스는 아버지 우라노스를 거세하고 신들의 통치자가 되었어요. 제우스 역시 막내로 태어났지만 형들을 삼킨 아버지 크로노스와의 싸움에서 승리하여 올림포스 신들의 시대를 연 것이에요.

"이번에 태어나는 아이까지 제 아버지에게 잡아먹히게 할 수는 없어. 뭔가 방법을 찾아야 해."

그러던 중 막내아들 제우스가 태어났어요. 아내가 아이를 낳았다는 소식을 듣고 크로노스는 득달같이 달려왔어요. 제우스마저 잡아먹히게 할 수 없었던 레아는 보자기에 돌멩이를 싸서 크로노스에게 주며 말했어요.

"당신이 찾는 아이는 여기 있어요."

마음이 급했던 크로노스는 레아의 말대로 돌멩이를 자기 아이라고 믿고 꿀꺽 삼켰어요. 그 뒤 레아는 크로노스 몰래 크레타 섬의 어느 동굴에 제우스를 숨겼어요. 제우스는 그곳에서 염소 모습을 한 요정 아말테이아의 보살핌을 받으며 자라났어요.

"크로노스 신이 제우스님을 찾지 못하도록 해야 할 텐데……."

고민하던 아말테이아는 제우스를 나뭇가지에 매달아 놓았어요. 이렇게 하면 땅에 있는 것도 아니고, 바다에 있는 것도

제우스의 어린 시절

아버지 크로노스의 눈을 피해 요정 아말테이아의 보살핌을 받으며 자라는 제우스의 모습을 그렸다. 니콜라 푸생의 작품이다.

아니며, 하늘에 있는 것도 아닌 셈이라 찾기가 어려우니까요. 하지만 어린 제우스의 커다란 울음소리만큼은 도저히 감출 수가 없었어요. 그때 크레타 섬에 머무르는 작은 신들이 나타나 말했어요.

"제우스님의 울음소리라면 우리에게 맡겨 주세요."

쿠레테스라 불리는 이 작은 신들은 아주 시끄러운 소리를 내서 제우스의 울음소리를 감추었어요. 그렇게 제우스는 여러

티탄의 몰락

제우스가 번개로 티탄족을 공격하고 있다. 이 전쟁에서 승리한 제우스는 올림포스 최고의 신 자리에 오른다. 델 바가의 작품이다.

신들의 도움으로 크로노스의 눈을 피해 무럭무럭 자라났어요.

자라서 청년이 된 제우스는 아버지에게 잡아먹힌 형제자매들을 구하기로 결심했어요. 크로노스에게 접근한 제우스는 그가 눈치채지 못하도록 구토하게 만드는 약을 몰래 먹였어요. 약을 먹은 크로노스는 심한 구역질을 하며 그동안 삼켰던 자식들을 모두 토해냈지요. 그들은 원래 제우스의 형과 누나들이었지만, 아버지 크로노스의 배 속에 갇혀 있는 동안 제우스는 이미 청년이 되었지요. 그래서 막내였던 제우스가 맏이가 되었어요.

제우스 덕분에 다시 세상에 나오게 된 신들은 아버지인 크로노스를 물리치기 위해 힘을 합쳤어요. 아버지와 자식 간에 전쟁이 일어나게 된 거예요. 그러자 다른 신들 역시 크로노스

신들의 축제

구름에 가려진 높디높은 산 정상에서 올림포스의 신들이 축제를 즐기고 있다. 신들은 자신들을 불사의 몸으로 만들어주는 암브로시아를 먹고, 넥타르를 마시며 흥겨운 시간을 보낸다. 반 폴렌뷔르흐의 작품이다.

> ### 토성과 천왕성이 된 제우스의 조상들
>
> 제우스의 아버지 크로노스는 시간과 세월을 다스리는 신이었어요. 로마에서는 사투르누스라고 부르지요. 크로노스가 자식을 잡아먹는 것은, 세월이 흐르면 모두 다 죽고 마는 자연의 이치를 뜻하기도 해요. 크로노스는 영어로 새턴(Saturn)이고 토성 역시 영어로 새턴(Saturn)이라고 해요.
> 크로노스 이전에는 크로노스의 아버지이자 제우스의 할아버지인 우라노스가 최고의 신이었어요. 천공의 신이었던 우라노스는 아들 크로노스에 의해 쫓겨났어요. 태양계에서 토성 다음에 위치한 천왕성을 우라노스(Uranus)라 부른답니다.

와 제우스, 두 편으로 나뉘어 싸움을 벌였어요.

"우리들은 크로노스 편을 들겠다!"

크로노스가 티탄족이다 보니, 대부분의 티탄족들은 모두 크로노스의 편을 들었어요. 하지만 프로메테우스와 몇몇 티탄족들은 달랐어요.

"우리는 제우스 편에서 싸울 것이다."

제우스는 자신의 형제자매, 그리고 프로메테우스를 비롯한 일부의 티탄족과 함께 아버지 크로노스와 전쟁을 벌여 마침내 승리를 거두었어요. 이렇게 최고의 신 자리에 오른 제우스는 자신과 맞서 싸웠던 티탄족들을 모두 깊고 깊은 지옥 타르타로스에 가두어 버렸어요. 그리고 자신을 도와 전쟁에 참여한 프로메테우스와 몇몇 티탄족들은 올림포스의 구성원으로 인정해 주었어요.

또한 자신을 키워 주었던 염소 요정인 아말테이아에게 보답하는 것도 잊지 않았어요. 아말테이아가 세상을 떠나자, 하늘로 올려 별자리로 만들어 주었어요.

올림포스의 12신

제우스는 티탄족과의 싸움에서 승리한 뒤 올림포스 산에 근거지를 꾸렸어요. 올림포스 산은 높이 2917미터로 그리스에서 가장 높은 산이에요. 그리스 사람들은 자신들 나라에 있는 가장 높은 산에 신들이 산다고 생각한 것이지요. 올림포스 산에는 제우스를 대장으로 하여 제우스의 가족들인 12신들이 각각의 영역을 맡아서 세상을 다스렸어요. 12신 중 처음에는 헤스티아가 들어갔으나 나중에는 디오니소스가 헤스티아를 대신했어요. 그들이 맡은 임무를 살펴보면 다음과 같아요.

그리스 이름	로마 이름	영어 이름	맡은 임무
제우스	유피테르	주피터	올림포스 최고의 신
헤라	유노	주노	결혼과 가정의 여신
포세이돈	넵투누스	넵튠	바다의 신
디오니소스 (헤스티아)	바쿠스 (베스타)	바카스 (베스타)	술과 황홀경의 신 (화로, 불의 여신)
데메테르	케레스	세레스	대지·곡식·수학의 여신
아테나	미네르바	미네르바	지혜·전쟁의 여신
아프로디테	베누스	비너스	사랑·미의 여신
아레스	마르스	마스	잔인한 전쟁의 신
아폴론	아폴로	아폴로	태양·음악·예언·궁술의 신
아르테미스	디아나	다이아나	달·사냥의 여신
헤파이스토스	불카누스	불칸	불·대장간의 신
헤르메스	메르쿠리우스	머큐리	전령·상업·여행·도둑의 신

행성 이야기

태양을 중심으로 도는 별을 태양계의 행성이라고 하는데 스스로 빛을 내지 못하고 중심 별의 빛을 받아 반사하지요. 행성은 '움직이는 별'이라는 뜻이지요. 그리고 움직이지 않고 그대로 있는 것처럼 보이는 붙박이 별을 항성이라고 하는데 예를 들면 스스로 빛을 내는 태양이 항성에 속하지요.

태양계의 행성은 수성, 금성, 지구, 화성, 목성, 토성, 천왕성, 해왕성 등이에요. 태양계의 행성은 발견될 때마다 모두 그리스로마 신들의 이름을 붙였어요. 그 중에 태양계에서 다섯 번째 별인 목성은 영어로 주피터(Jupiter)라고 해요. 제우스를 로마 신화에서는 유피테르라고 부르고 영어로는 주피터(Jupiter)라고 하지요. 목성은 태양계에서 가장 큰 별이에요. 그래서 최고의 신인 제우스의 이름을 붙여 준 것 같아요. 행성의 이름은 올림포스 신들 이름과 티탄족 이름이 함께 붙여졌어요. 행성 이름을 살펴보면 다음과 같아요.

행성	그리스의 신	로마의 신	영어 이름	신의 성격	특징
수성	헤르메스	메르쿠리우스	머큐리 (mercury)	올림포스 신	태양계에서 가장 빠른 행성이다
금성	아프로디테	베누스	비너스 (venus)	올림포스 신	밝아서 눈에 띄지만 초저녁과 새벽에만 보인다
지구	가이아	테라	어스 (earth)	티탄족	우리가 살고 있는 행성이다
화성	아레스	마르스	마스 (mars)	올림포스 신	피처럼 붉다
목성	제우스	주피테르	주피터 (jupiter)	올림포스 신	매우 밝으며 태양계에서 가장 큰 행성이다
토성	크로노스	사투르누스	새턴 (saturn)	티탄족	어둡고 목성 바깥쪽을 천천히 움직인다
천왕성	우라노스	코엘루스	유러너스 (uranus)	티탄족	토성 바깥쪽에서 움직인다
해왕성	포세이돈	넵투누스	넵튠 (neptune)	올림포스 신	매우 아름다운 푸른색을 띠고 있다

신의 불을 훔친 프로메테우스

어느 날, 제우스는 프로메테우스를 불러 명령을 내렸어요.

"땅을 내려다보니 생명이라곤 하나도 없구나. 신의 형상을 본뜬 생명체를 만들도록 해라."

프로메테우스는 물과 흙을 사용하여 정성껏 인간과 여러 생명체들을 만들었어요. 그리고 동생 에피메테우스는 형이 생명체를 만들 때마다 그 생명체에게 필요한 선물을 하나씩 나누어 주었어요.

새들에겐 하늘을 날 수 있는 날개를 주고, 맹수에겐 날카로운 발톱을 주고, 거북에겐 딱딱한 등껍질을 주고, 초식 동물에겐 빨리 달릴 수 있는 발을 주었어요.

이렇게 나누어 주다 보니, 정작 프로메테우스가 인간을 만들었을 때는 남아 있는 선물이 하나도 없었어요. 다른 동물들은

숲 속의 불

프로메테우스가 가져다 준 불 덕분에 인간은 눈부신 발전을 할 수 있었다. 사냥하는 사람들 뒤편으로 불길이 보이고 있다. 디 코시모의 작품이다.

에피메테우스에게 받은 선물로 자신을 보호했지만, 인간은 자신을 지킬 수 있는 것이 단 하나도 없었어요. 밤이 되면 추워서 떨어야 했고, 무시무시한 맹수들을 만나면 사냥은커녕 어두운 동굴로 정신없이 달아나야 했어요. 프로메테우스는 자신이 만든 인간이 불행해하는 모습을 보고 마음이 아팠어요.

'인간에게도 자신을 지킬 선물이 필요해.'

고민하던 프로메테우스는 문득 신들의 불을 생각해 냈어요. 하지만 제우스가 알게 되면 화를 낼 것이 뻔했어요. 불은 신의 것이었기 때문이에요. 결국 프로메테우스는 제우스 몰래 신의 산에서 불을 훔쳐 인간에게 주었어요.

"프로메테우스님, 감사합니다."

인간은 프로메테우스의 불로 그 어떤 동물들보다 강력한 존재가 될 수 있었어요. 불을 사용하여 추위를 피했고, 각종 연장과 무기를 만들어 사나운 동물에 맞설 수 있었어요.

그런데 프로메테우스는 이 일 전에도 인간을 위해 제우스를 화나게 한 적이 있어요. 인간은 사냥을 하면 제우스를 비롯한 올림포스의 신들에게 그 일부를 제물로 바쳐야 했어요. 그런데 제물의 어떤 부위를 신들에게 바쳐야 하는지를 두고 인간 사이에 의견 다툼이 벌어졌어요. 인간들은 프로메테우스를 찾아가 심판을 부탁했어요.

이때 프로메테우스는 제물로 사용될 짐승을 고기와 내장 그리고 뼈 부분으로 나누도록 했어요. 그리고 맛있는 고기와 내장은 가죽으로 감싸 맛없어 보이게 하고, 뼈 부분은 기름을 칠해 맛있는 것처럼 해서 제우스 앞에 내놓도록 했어요.

"둘 중에 신들에게 어떤 것을 바칠 지 하나를 선택해 주시지요. 그러면 앞으로 그 부위를 제물로 바치겠습니다."

제우스는 윤기가 돌아 맛있어 보이는 기름이 칠해진 뼈 부분을 골랐어요. 하지만 정작 골라 놓고 보니 아무짝에도 쓸모없는 뼈다귀 뿐이었어요. 그런데 이 모든 것이 맛난 고기를 인간들에게 주기 위해 프로메테우스가 꾸민 일이라는 것을 알았어요. 제우스는 무척 화가 났지만 이미 벌어진 일이니 꾹 참았어요. 그런데 이제 신들의 불까지 훔쳐다 인간에게 주었다니, 제우스의 분노는 이만저만이 아니었어요.

프로메테우스

신의 불을 훔쳐 인간에게 가져다 준 죄로 제우스의 벌을 받고 있는 프로메테우스의 모습을 표현하고 있다. 귀스타브 모로의 작품이다.

"티탄족과의 전쟁에서 내 편을 들어 살려 주었더니, 나를 이렇게 속인단 말인가! 내 한 번은 참았지만 이번에는 정말 용서할 수 없다! 어떻게 신보다 인간을 더 위한단 말인가!"

화가 난 제우스는 프로메테우스에게 무시무시한 형벌을 내렸어요. 프로메테우스는 코카서스 산꼭대기에 쇠사슬로 꽁꽁 묶인 채 독수리에게 간을 쪼이는 신세가 되었어요. 한 번 쪼이면 끝나는 것이 아니라, 영원히 간을 쪼이는 형벌이었어요. 한 번 먹힌 간은 밤 동안 회복되었고, 그러면 어김없이 아침에 다시 독수리에게 간을 쪼이는, 아주 잔인하고 고통스러운 형벌이었지요.

> **프로메테우스의 불**
>
> 불은 우리의 생활에서 없어서는 안 될 아주 중요한 것이에요. 인류는 불을 이용하여 체온을 유지하고, 음식물을 익혀 먹고, 사나운 맹수들로부터 자신의 몸을 지켰어요. 프로메테우스가 건네준 불로 인간은 문명을 가질 수 있게 된 것이에요. 이처럼 오늘날 인간이 누리는 문명은 금기에 도전한 프로메테우스의 도전 정신이 없었다면 이루어질 수 없는 것이지요. 그래서 '프로메테우스의 불'이라고 하면 어떤 금기에도 굴하지 않고 불가능에 도전하는 인간 정신을 나타내는 고사성어로 아주 많이 사용하지요.

프로메테우스는 무서운 형벌을 받게 되었지만 인간은 프로메테우스가 가져다 준 불 덕분에 누구보다 빠르게 발전할 수 있었어요. 그래서 인간은 프로메테우스를 자신들의 영웅으로 칭송했어요. 프로메테우스는 훗날 영웅 헤라클레스에 의해 형벌에서 풀려나게 되어요.

바람둥이 제우스와 여신 헤라

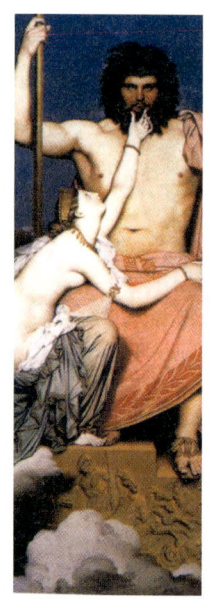

어떤 신도 넘볼 수 없는 위엄과 위력을 지닌 제우스는 변신에도 아주 귀재였어요. 그런데 제우스는 이 변신의 능력을 주로 여인을 유혹하는 데 쓰곤 했어요. 왜냐하면 제우스는 엄청난 바람둥이였거든요. 특히 제우스는 자신이 좋아하는 여인이 있으면 그 여인이 좋아하는 것으로 변해 유혹하곤 했어요. 제우스는 여신 헤라도 변신술로 유혹하는 데 성공하여 부인으로 삼았어요.

그렇지만 제우스가 아무리 변신술에 뛰어난 바람둥이라 해도, 헤라만큼은 좀처럼 유혹하기가 쉽지 않았어요. 헤라는 제우스가 바람둥이라는 것을 알고 처음부터 상대해 주지 않았을 뿐만 아니라 신들의 왕인 제우스 앞에서도 아주 도도했어요. 그래서 제우스의 어떤 유혹도 본체만체했어요. 유혹은커녕 헤

헤라에게 불만을 털어 놓는 공작

헤라가 공작과 함께 있다. 화려한 깃털이 돋보이는 공작은 헤라를 상징하는 새이다. 귀스타브 모로의 작품이다.

라에게 접근조차 어려웠어요. 제우스는 고민에 빠졌어요.

"헤라는 도저히 나의 유혹에 넘어오지 않는구나, 어떤 좋은 방법이 없을까!"

제우스는 자존심이 상하면서도 그런 헤라가 더욱더 사랑스러웠어요.

"그래, 마지막으로 이 방법을 쓰는 수밖에 없어. 헤라의 모성애를 자극하는 거야."

제우스는 헤라의 모성애를 이용하기로 하고 기회만을 엿보고 있었어요.

그러던 어느 날 드디어 기회가 찾아왔어요. 헤라가 숲 속으로 산책을 나온 것이지요. 제우스는 이때를 놓치지 않고 헤라 곁에 숨어 있다가 자신의 무기인 번개로 소나기를 쏟아지게 했어요. 그리고 제우스는 소나기를 흠뻑 맞은 작은 뻐꾸기로 변

> **헤라**
>
> 제우스의 아내로 결혼과 가정의 여신이에요. 최고의 신 제우스의 아내이니 당연히 올림포스의 최고 여신이겠지요. 헤라는 남편 제우스가 바람을 피울 때마다 상대 여인들과 그 자식들을 심하게 괴롭혔어요. 그리스 남부 펠로폰네소스 반도 지역에는 헤라의 신전이 있어요. 이 신전은 기원전 7~6세기 사이에 건립되었고 가장 오래된 그리스 신전 중 하나라고 해요. 현재 헤라의 신전 앞은 올림픽 성화를 채화하는 장소예요.

해 아주 불쌍한 모습으로 헤라 품속으로 날아들었어요. 비를 맞은 작은 뻐꾸기를 보고 헤라는 모성애가 확 생겨나면서 그만 경계심이 무너졌어요. 그래서 제우스가 뻐꾸기로 변신한 사실을 알아채지 못했어요.

"불쌍해라, 가여운 뻐꾸기야. 내가 비에 젖은 너를 보살펴 주마."

헤라는 가여운 뻐꾸기를 따뜻한 가슴으로 안아 주었어요. 드디어 제우스는 헤라의 품속으로 파고드는 데 성공했어요. 제우스는 이때를 놓치지 않았지요. 바로 원래 모습으로 돌아와 헤라를 포근히 껴안고는 올림포스 최고의 여신 자리를 주겠다고 속삭였어요. 헤라도 최고 여신의 자리가 싫지는 않았는지 결국 제우스에게 넘어가 결혼을 승낙했어요.

하지만 헤라와 결혼을 했다고 제우스의 바람둥이 기질이 사라지지는 않았어요. 그렇다고 헤라가 신들의 제왕인 제우스의 바람기를 막을 방법도 없었어요. 그래서 헤라는 제우스와 바람을 피운 여자들에게 복수하는 쪽을 택했어요. 그래서 제우스의 유혹에 넘어간 여자들은 헤라 여신의 질투에 호되게 당하는 수밖에 없었지요.

제우스와 이오

강의 신 이나코스의 딸 이오가 검은 구름으로 변한 제우스를 만나고 있는 장면이다. 안토니오 코레지오의 작품이다.

"모두 제우스를 조심하라, 그렇지 않으면 내가 가만두지 않으리라."

헤라의 질투가 무서워 모두 벌벌 떨고 제우스를 멀리하려고 했지만 바람둥이 제우스의 유혹을 이겨 낼 방법이 없었어요. 제우스가 온갖 변신술로 위장해서 감쪽같이 유혹해 왔기 때문에 당해 낼 재간이 없었던 것이에요. 어쩔 수 없이 제우스의 유혹에 넘어간 여인들은 자신의 잘못도 없이 곧바로 헤라의 질투에 갖은 고생을 하게 되지요.

제우스의 아이를 가졌던 레토는 하마터면 아이를 낳지 못할 뻔 했어요. 어느 곳에서도 레토가 아이를 낳을 수 없도록 출산을 방해하라는 헤라의 명령 때문에, 출산의 여신이 나타나지 않아 죽을 고비를 넘나들며 겨우 아이를 낳은 것이에요.

또 제우스와 사랑을 나눈 이오는 암소가 되어 헤라가 보낸 쇠파리 때문에 이집트까지 쫓겨 다니는 괴로움을 당하기도 했어요.

유럽(Europe)과 에우로페(Europe)

영어로 유럽(Europe)이라는 말은 알고 보면 그리스로마 신화에 나오는 에우로페(Europe)의 이름이에요. 에우로페는 페니키아의 공주로 그녀의 미모는 신들을 홀리고도 남았지요. 당연히 제우스는 에우로페를 보자마자 첫눈에 반하고 말았어요. 에우로페에게 어떻게 접근할까 고민하던 제우스는 그녀가 소를 좋아한다는 것을 알았어요. 그래서 소 중에 제일 멋진 황소로 변해서 그녀 곁에 다가갔어요. 멋진 황소에 반한 에우로페는 소 등에 훌쩍 올라탔고 이때를 이용해 제우스는 잽싸게 달렸어요. 아주 순식간에 일어난 일이었어요. 제우스는 그녀를 태우고 크레타 섬에 도착했고 결국 유혹에 성공했지요. 이때 제우스가 에우로페를 태우고 날아간 대륙을 에우로페(Europe)라고 불렀어요. 이 에우로페를 영어로 발음하면 바로 유럽(Europe)이 되는 것이지요.

에우로페의 납치

황소로 변한 제우스가 에우로페를 태우고 크레타 섬으로 달아나려는 모습을 묘사하고 있다. 베첼리오 티치아노의 작품이다.

뿐만 아니라 시녀 칼리스토는 헤라의 질투를 받아 시녀의 자격을 박탈당하고 곰으로 변해 자신이 낳은 아들과 헤어져 살다가, 사냥을 나온 아들이 쏜 화살에 맞아 목숨을 잃었어요.

이 모든 것이 헤라의 질투에 의해 계획된 것이었어요.

곰이 되어 자식의 손에 죽은 칼리스토의 경우는 제우스도 양심의 가책을 느꼈는지 그녀를 하늘로 올려 별자리로 만들어 주었어요. 그래서 생긴 별자리가 바로 큰곰자리예요. 헤라의

질투가 얼마나 집요했는지 이 별자리마저 없애려고 했지요.

　질투의 화신이 된 헤라는 제우스의 연인들뿐 아니라 그 사이에서 태어난 자식들까지 박해를 했어요. 그중에서도 가장 괴롭힘을 많이 당한 사람은 제우스와 알크메네 사이에서 태어난 영웅 헤라클레스였어요.

　이렇다 보니 제우스와 헤라의 사이가 좋을 리가 없겠지요. 그래서 옛날 그리스 사람들은 하늘에서 큰 폭풍이 몰아칠 때면 바람둥이 제우스와 질투의 화신 헤라가 부부 싸움을 한다고 생각했어요. 신들의 왕과 최고의 여신이 부부 싸움을 했다면 얼마나 요란했겠어요. 그러니 옛날 그리스 사람들이 그렇게 여길 만도 했겠지요.

　이렇듯 헤라는 제우스와 바람을 피운 여인들에게 엄청난 박해로 대처하면서도 올림포스 최고 여신 자리와 신들의 왕 제우스의 아내 자리는 굳건하게 지켜 내었어요. 결혼과 가정의 여신답게 말이지요.

제우스와 판도라의 상자

제우스는 프로메테우스를 코카서스 산 정상에 묶어 놓고 독수리에게 간을 쪼이는 가혹한 형벌을 내렸지만 그래도 분이 풀리지 않았어요. 그래서 자신보다 프로메테우스를 더 존경하는 인간들까지 혼내 주기로 했어요. 한참을 생각하던 제우스는 얼굴에 웃음을 띠며 대장간의 신 헤파이스토스를 불러 말했어요.

"헤파이스토스, 어서 아름다운 여신들의 모습을 닮은 인간 여성을 만들도록 하여라."

그때까지만 해도 세상에는 아직 인간 여자가 없었어요. 헤파이스토스는 제우스의 명령대로 여신의 모습을 본떠서 인류 최초의 여성을 만들었어요. 헤파이스토스의 솜씨가 얼마나 뛰어났던지 신들도 이 여인을 보고 반하고 말았어요. 그래서 신들은 이 아름다운 인간 여성에게 환심을 사기 위해 저마다 가

> **판도라의 상자**
>
> 성서에서는 인류 최초의 여인이 이브라면 그리스로마 신화에서는 판도라가 인류 최초의 여인이에요. 보통 판도라의 상자라고 하면 알아봤자 좋을 것이 없는 사실, 혹은 너무 궁금하지만 건드려서는 안 되는 일 등을 일컫는 말로 쓰여요. 그러다 보니 뜻밖에 생긴 재앙의 근원을 말할 때 많이 사용하는 고사성어예요. 또 인간의 헛된 욕심으로 일을 그르칠 수 있다는 의미로도 사용해요.

진 멋진 선물을 주었어요.

"나는 지혜의 여신 아테나다. 너에게 옷을 만들 수 있는 베 짜는 기술을 가르쳐 주겠노라."

"내가 바로 사랑과 미의 여신 아프로디테다. 너에게 여자가 가질 수 있는 최고의 매력과 우아함을 주마."

"전령의 신인 나 헤르메스는 너에게 화려한 말솜씨를 선물하마. 네가 말하는 것을 들으면 어떤 남자든 깜박 넘어가 네가 원하는 것은 무엇이든지 얻을 것이다."

그 외에도 여러 신들이 그녀에게 수많은 선물을 주었어요. 이렇게 하여 온갖 선물을 받았다는 뜻의 '판도라'라는 이름을 가진 인류 최초의 여성이 태어났어요.

제우스는 신들도 반할 정도로 아름다운 판도라의 모습을 보고 다시 한 번 흡족한 미소를 지었어요. 그리고 그토록 프로메테우스가 아끼던 인간들을 괴롭힐 계략을 착착 진행했어요. 제우스는 신들에게 잔뜩 선물을 받고 한껏 들떠 있는 판도라에게 조그만 상자 하나를 내밀며 말했어요.

"이것은 신들의 왕인 나 제우스가 너에게 주는 선물이다. 하지만 절대 이 상자를 열어 보아서는 안 된다."

판도라

판도라가 호기심을 이기지 못한 채 상자의 뚜껑을 들어 올리고 있는 모습이 그려져 있다. 윌리엄 워터하우스의 작품이다.

헤르메스 그리고 수성

헤르메스는 올림포스 12신 중 전령의 신이에요. 태양계에서 태양에 가장 가까운 별인 수성의 이름도 헤르메스의 영어 이름인 머큐리(Mercury)이지요. 헤르메스는 제우스 신과 거인 아틀라스의 딸인 마이아 사이에서 태어났어요. 갓난아이일 때 아폴론의 소를 훔칠 정도로 매우 영리한 신이었어요. 전령과 상업과 도둑의 신이기도 한 헤르메스는 날개 달린 모자와 신발을 신고, 손에는 뱀이 둘둘 감겨 있는 지팡이를 들고 있어요. 그는 매우 날쌔서 이곳저곳을 날아다니며 신들의 의사를 전달해 주고 있어요. 또 죽은 사람을 저승으로 데려가는 안내자이기도 하지요.

그리고 제우스는 헤르메스를 시켜 판도라를 프로메테우스의 동생 에피메테우스에게 데려다 주었어요. 에피메테우스는 판도라를 보자마자 한눈에 반하고 말았어요. 그래서 제우스의 선물을 받아서는 안 된다는 형 프로메테우스의 충고도 잊은 채 판도라와 서둘러 결혼을 했어요.

판도라와 에피메테우스는 한동안 단꿈에 젖어 행복하게 지냈어요. 하지만 행복도 잠시, 시간이 지날수록 판도라의 마음속 깊은 곳에는 제우스가 준 상자를 열고 싶은 호기심이 꿈틀거리기 시작했어요.

"저 상자 안엔 도대체 무엇이 들어 있는 걸까?"

시간이 지날수록 판도라의 궁금증은 더 커져만 갔어요. 상자가 자신을 향해 열어 달라고 막 외치고 있는 것만 같았어요.

"그래, 딱 한 번만 열어 보고 다시 닫는 거야. 잠깐 보는데 무슨 일이 생기겠어! 안 돼, 제우스 신이 말했잖아. 열지 말라는 데엔 다 이유가 있을 거야."

제우스는 하늘에서 괴로워하는 판도라의 모습을 흥미진진

프로메테우스 신화

프로메테우스가 인간을 만들고 있다. 화면 가운데 서 있는 인간은 아직 숨을 불어넣기 전의 모습이다. 디 코시모의 작품이다.

하게 지켜보고 있었어요. 사실은 꼭 열어 보길 바라면서 열지 말라는 말을 했던 거예요. 결국 판도라는 참지 못하고 상자의 뚜껑을 열고 말았어요. 그 순간 상자 속에 들어 있던 미움, 고통, 시기, 질투, 공포, 질병, 의심, 증오, 슬픔 등 온갖 나쁜 것들이 몽땅 튀어 나와 세상 밖으로 흩어지고 말았어요. 깜짝 놀란 판도라는 얼른 뚜껑을 닫았지만, 때는 이미 늦었어요.

판도라가 상자를 열기 전까지는 인간들은 병에 걸리는 일도 없었고, 다른 사람을 미워하거나 질투하는 일도 없었어요. 불행이라는 것을 모르고 살았지요. 하지만 판도라가 상자를 연 후로 세상은 나쁜 것과 무서운 것들로 가득 차게 되었어요. 모든 일은 제우스의 계획대로 이루어진 것이에요.

"이 일을 어찌하면 좋을까! 제우스 신의 말대로 상자를 열지

> 말았어야 했어……."

판도라는 뒤늦게 후회했지만 아무런 소용이 없었어요. 하지만 상자 속에는 미처 빠져나오지 못한 것이 딱 하나 남았어요. 판도라가 재빠르게 뚜껑을 닫는 바람에 빠져나가지 못했던 것이지요. 그것은 바로 '희망'이었어요. 그래서 인간들은 불행과 고통에 시달리면서도 희망을 안고 살아가게 된 것이에요.

그리스의 서사 시인 헤시오도스

헤시오도스는 고대 그리스의 유명한 서사 시인이에요. 서사시란 역사적 사실이나 신화, 전설, 영웅의 이야기를 시로 써내려 간 것을 말해요. 헤시오도스는 『신통기』와 『노동과 나날』이라는 서사시를 통해 그리스 신화를 아주 체계적으로 다루었어요. 『신통기』는 무려 1,022행이나 되는 긴 서사시로 천지 창조와 신들의 탄생에 대해 이야기하고 있어요. 『노동과 나날』에는 방금 살펴보았던 프로메테우스와 판도라에 관한 이야기가 나오지요. 오늘날 전하는 대부분의 그리스로마 신화의 내용은 헤시오도스의 이 두 작품을 근거로 하고 있어요.

아프로디테를 감동시킨 피그말리온의 사랑

키프로스 섬에 사는 피그말리온은 아주 뛰어난 솜씨를 가진 조각가였어요. 하지만 여자들에게는 별로 인기가 없었어요. 피그말리온 역시 여자들을 그리 좋아하지 않았어요. 여자들은 너무도 많은 결점을 가진 불완전한 존재라고 생각했거든요.

"여자란 존재는 골치 아파. 그래서 나는 평생 혼자 살 거야."

그래서 피그말리온은 평생 혼자 살기로 결심하고 조각에만 몰두했어요. 그러던 어느 날 피그말리온은 상아를 이용해 여자의 전신 조각상을 하나 만들었어요. 얼마나 정성을 다해 만들었는지 자신이 봐도 조각상의 매력에 '풍덩' 하고 빠질 지경이었어요.

"세상에 어떤 여자도 이처럼 아름다울 수는 없을 거야."

피그말리온은 날마다 자신이 만든 조각상을 들여다보며 아주 행복해했어요.

그렇게 얼마의 시간이 흘렀을까요, 피그말리온은 그만 조각상의 여인에게 진짜 자신의 마음을 빼앗기고 말았어요. 그동안 여자를 멀리하기로 한 결심 따윈 온데간데없이, 그저 자신이 만든 조각상이 정말 여자였으면 하는 마음에 잠 못 이룰 지경이었지요.

'아, 내 마음을 나도 어쩔 수가 없구나. 저 조각상이 진짜 여자라면 얼마나 좋을까!'

피그말리온은 마음속으로 안타까움을 금할 수가 없었어요. 그렇다고 조각상에 빼앗긴 마음이 접어지기는커녕 점점 더 조각상을 사랑하게 되었어요. 심지어 날마다 예쁜 꽃을 조각상 처녀에게 바치기도 했어요. 그리고 조각상에 기대어 간절한 마음으로 사랑을 고백했어요.

"여인이여, 당신이 듣지 못하더라도 고백하고 싶습니다. 당신을 사랑합니다."

마침내 피그말리온은 이 여인이 조각상이라는 사실을 잊을 정도로 빠져들고 말았어요. 이제 그는 조각상과 한시도 떨어져서 지낼 수 없을 정도였어요. 피그말리온은 조각상 여인의 목과 귀에 빛나는 진주 목걸이와 귀걸이를 달아 주었어요. 그리고 가장 잘 어울리는 옷을 입히고, 폭신폭신한 침대를 만들어 여인을 거기에 눕혔어요. 그리고 날마다 혼잣말로 사랑을

피그말리온과 갈라테이아

제단 앞에 선 피그말리온이 나중에 갈라테이아란 이름으로 아내가 된 자신의 조각상 앞에서 무릎을 꿇고 아프로디테 여신에게 기도를 하는 장면이다. 아그놀로 브론치노의 작품이다.

속삭이고 그녀에게 입맞춤하는 것도 잊지 않았어요.

키프로스 섬은 사랑과 미의 여신 아프로디테의 신전이 있는 곳이에요. 아프로디테란 이름은 바다의 흰 거품에서 태어난 여신이라는 뜻이에요. 키프로스 사람들은 이 여신을 숭배하여 신전을 세우고 해마다 큰 축제를 벌였어요. 바로 이 아프로디테를 기념하는 축제일이 다가왔어요. 사람들은 신전에 제물을 갖다 바치고 저마다의 소원을 빌었어요. 피그말리온도 신전에 나왔어요. 그리고는 이렇게 빌었어요.

"여신이시여, 저도 결혼을 하고 싶습니다."

마침내 피그말리온은 평생 혼자 살겠다는 자신의 결심을 바꾸었어요. 하지만 그가 아내로 맞이하고 싶은 여인은 오직 하나였어요. 피그말리온은 '제가 상아로 조각한 저 여인을 아내로 주소서'라고 말하고 싶었어요. 조각상과 결혼하고 싶다니, 스스로 생각해도 말이 안 되는 일이라 차마 입 밖으로 꺼내지는 못했어요.

아프로디테 그리고 금성

올림포스의 12신 중 하나로 사랑과 미를 담당하는 여신이에요. 아프로디테의 영어 이름인 비너스(Venus)는 태양계의 두 번째 별인 금성의 이름이기도 해요. 금성은 우리말로 샛별이라고도 불러요. 금성을 상징하는 천문 기호 ♀는 사랑과 미의 여신인 비너스의 거울을 본뜬 것이에요. 또 이 기호는 여성을 상징하는 기호로도 요즘 널리 쓰이지요. 아프로디테를 로마 신화에서는 베누스라고 불러요.

밀로의 비너스

에게 해의 밀로 섬에는 아프로디테 신전이 있어요. 그 신전 근처에서 발견된 조각상의 이름이 '밀로의 비너스'예요. 그러니 밀로는 섬 이름이지 사람 이름이 아니에요. 발견 당시부터 양쪽 팔이 잘려져 있었지만 그 뛰어난 예술성으로 많은 비너스상 중에서 으뜸으로 손꼽히고 있어요. 프랑스 군대에 의해 루이 18세에게 헌납된 후 루브르 박물관에 소장되어 있어요.

그렇게 기도하면서 오랜 시간을 신전에서 보낸 피그말리온은 힘없이 터덜터덜 집으로 돌아왔어요. 그리고 여느 때처럼 조용히 숨을 죽이고 조각상 여인에게 다가가 입맞춤을 했어요.

그 순간 피그말리온은 깜짝 놀랐어요. 조각상 여인이 두 눈을 뜨고 얼굴을 발그레 붉히면서 피그말리온을 바라보고 있는 것이었어요. 피그말리온의 소원대로 진짜 인간 여인이 된 것이에요. 어떻게 이런 불가능한 일이 일어날 수 있었을까요?

사실 여신 아프로디테는 오랫동안 피그말리온을 지켜보고

비너스의 탄생

사랑과 미의 여신 비너스가 바다의 거품에서 탄생해 육지에 도착하는 순간을 나타낸 장면이다. 산드로 보티첼리의 작품이다.

피그말리온 효과

피그말리온의 이름에서 유래했고 심리학 용어로 많이 쓰이지요. '피그말리온 효과'란 다른 사람의 기대나 관심으로 인하여 능률이 오르거나 결과가 좋아지는 현상을 말해요.

일례로 1968년 미국의 심리학자 로젠탈과 제이콥슨은 한 초등학교에서 전교생을 대상으로 지능 검사를 하였어요. 그리고 그 결과와 상관없이 20%의 학생을 뽑아 무조건 우수한 학생이라고 말했어요. 8개월 후 이 명단에 속한 학생들의 성적이 다른 어떤 학생들보다 훨씬 높게 나왔다고 해요. 이런 것을 두고 바로 피그말리온 효과라고 하는 것이지요.

있었어요. 그런데 가만히 보아하니 피그말리온의 소원이 어찌나 간절한지 들어주지 않을 수 없었어요. 소원을 들어주지 않으면 피그말리온이 상사병으로 쓰러져 죽을 것만 같았어요. 그래서 피그말리온의 간절한 소원을 들어주기로 했던 것이지요. 이렇게 해서 인간으로 태어난 여인에게 피그말리온은 '갈라테이아'라는 이름을 붙여 주었어요. 두 사람은 아들 파포스를 낳고 아주 행복하게 살았지요.

헤라, 아테나, 아프로디테와 황금 사과

펠리온 산에서 바다의 여신 테티스와 펠레우스의 결혼식이 열렸어요. 딱 한 명의 신만 빼고 모든 신들이 초대되었어요. 초대받지 못한 그 신의 이름은 바로 불화의 여신 에리스였어요. 모두가 축하하고 축복해 주는 결혼식 자리에 불화의 여신 에리스가 참석하여 결혼식을 망칠까 봐 모두가 두려워했던 것이지요. 그래서 에리스만 쏙 빼고 몰래 결혼식을 올리려 했는데, 그만 에리스가 이 사실을 알고 말았어요.

화가 머리끝까지 난 에리스는 황금 사과를 하나 준비했어요. 그리고 황금 사과에 '가장 아름다운 여신에게'라는 글귀를 새겨서 결혼식 잔치에 몰래 두고 갔어요. 황금 사과를 발견한 여신들은 잔치는 뒷전이고 서로 가지고 싶어 안달이 났어요. 특히 헤라, 아테나, 아프로디테 세 여신은 자신이 가장 아름답

파리스의 심판

세 여신이 파리스의 선택을 기다리고 있는 장면이다. 파리스는 여신들을 바라보며 누구에게 황금 사과를 주어야 하나 고민하고 있다. 파울 루벤스의 작품이다.

다고 주장하며 서로 사과를 차지하려고 했어요.

"최고의 여신인 나 헤라야말로 가장 아름답지!"

"무슨 소리예요, 지혜의 여신인 나야말로 황금 사과를 가질 자격이 있어요."

"흥, 나 아프로디테는 사랑과 미의 여신이라고요!"

황금 사과를 두고 다투는 세 여신의 양보할 수 없는 미모 겨루기는 어떡하든 끝을 봐야 하는 지경에까지 이르렀어요. 하지만 다른 신들은 세 여신의 싸움을 그저 지켜볼 수밖에 없었어요. 괜히 나서서 어느 한 여신이 아름답다고 말했다가는 나머지 두 여신의 미움을 살 테니까요. 결국 승부가 나지 않자 세 여신은 최고의 신인 제우스에게 판단을 부탁했어요. 제우스 역시 골치 아픈 일에 끼어들고 싶지 않았어요. 그래서 고민 고민하던 제우스는 트로이의 왕자 파리스에게 심판을 맡겨 버렸어요.

　세 여신은 트로이에 있는 어느 산으로 파리스를 찾아갔어요. 파리스는 왕자의 신분이지만 궁전에서 쫓겨나 산에서 살았어요. 파리스의 어머니인 헤카베 왕비는 파리스를 낳을 때 도시가 불타는 꿈을 꾸었어요. 아버지 프리아모스 왕은 이 꿈을 파리스가 트로이를 멸망시킨다는 예언이라 생각했어요. 그래서 갓 태어난 파리스를 산에 버렸지요. 버림받은 파리스는 양치기 밑에서 자랐고 그 산에서 양을 치며 살고 있었어요.

　파리스를 만난 세 여신은 상황을 설명하고 자신을 사과의 주인으로 선택하면 최고의 선물을 주겠다고 약속했어요. 파리스는 세 여인이 여신인 줄 모르고 있었어요. 세 여신들은 파리스의 선택을 받기 위해 온갖 말로 파리스의 마음을 흔들었어요.

　먼저 헤라가 입을 열었어요.

　"나를 선택하면 엄청난 권력을 주겠노라. 그대는 모든 사람들의 왕이 될 거야."

　그러자 아테나도 이렇게 말했어요.

　"나 아테나를 선택한다면, 세상에서 가장 뛰어난 지혜와 드높은 명예를 주겠어."

무지를 무찌르는 아테나

전쟁과 지혜의 여신 아테나가 무지와 싸워 이기는 모습이다. 바르톨로마이우스 스프랑게르의 작품이다.

마지막으로 아프로디테가 말했어요.

"나는 이 지상에서 가장 아름다운 여인을 당신의 배필로 삼게 해 주겠어요."

파리스는 가장 아름다운 여자와 짝을 지어주겠다고 말하는 아프로디테의 말에 그만 마음이 기울고 말았어요. 그래서 자신이 들고 있던 황금 사과를 아프로디테에게 주었어요. 이렇게 해서 아프로디테는 신들 중에서 최고로 아름다운 여신이 되었어요.

아프로디테는 약속한 대로 최고의 미인으로 소문난 헬레네와 파리스를 짝지어 주었어요. 제우스와 레다 왕비 사이에서 태어난 헬레네는 일찍이 빼어난 미모 때문에 그녀의 이름을 모르는 사람이 없을 정도였어요. 영웅 오디세우스를 비롯한 수많은 남자들이 그녀와 결혼하고 싶어 했지요. 하지만 헬레네는 이미 스파르타의 왕 메넬라오스와 결혼하여 스파르타를 다스리며 살고 있었어요.

스파르타로 간 파리스는 헬레네의 남편이 장례식에 참석하느라 궁을 비운 사이에 아프로디테의 도움을 받아 헬레네를 유혹해 트로이로 도망쳐 버렸어요. 졸지에 아내를 빼앗긴 메넬라오스 왕은 분노에 치를 떨며 지원군을 모집했어요. 그중에서도

> **파리스의 사과**
>
> 오늘날 '파리스의 사과' 혹은 '파리스의 심판'이라고 하면 불화를 일으키는 씨앗을 의미해요. 아무 것도 아닌 사과 하나에 세 여신의 미에 대한 욕망과 아름다운 여인을 얻고 싶은 파리스의 욕망이 합쳐져 10년간의 길고 긴 트로이 전쟁이 일어나게 되었어요.
> 파리스의 사과는 작은 불화의 씨앗을 섣불리 잘못 다루었을 때 얼마나 큰 재앙으로 돌아올 수 있는지를 우리에게 잘 보여 주고 있어요.

아테나와 독일의 철학자 헤겔

지혜와 전쟁의 여신 아테나는 로마 신화와 영어 이름 모두 미네르바예요. 어머니인 메티스 여신이 제우스에게 잡아먹히는 바람에 제우스의 머리에서 태어났어요. 태어날 때 이미 갑옷과 방패로 꽁꽁 무장한 채였어요. 아테나 여신이 데리고 다녔던 부엉이는 서양에서 지혜를 상징하는 동물이지요. 만화나 동화에서 부엉이가 안경을 쓰고 똑똑하게 등장하는 것도 그런 이유예요.
변증법으로 유명한 19세기 독일의 철학자 헤겔은 자신의 저서 『법철학』 서문에서 "미네르바의 부엉이는 황혼이 저물어야 그 날개를 편다"는 유명한 말을 남겼어요.
그리스 아테네의 아크로폴리스에 있는 파르테논 신전은 아테나 여신을 모시는 곳이지요.

제일 앞장선 사람은 메넬라오스의 형이자 미케네의 왕인 아가멤논이었어요.

예전에 헬레네는 아름다운 미모 때문에 많은 구혼자들이 있었는데 그 당시 모든 구혼자들이 함께 약속한 것이 있었어요. 그것은 헬레네가 누구와 결혼하든 원망하지 않고, 그 남편에게 어려운 일이 닥치면 모두 도와주기로 한 약속이에요. 그 약속으로 인해 헬레네에게 구혼했던 사람들이 모두 모였어요. 거기에 여러 도시 국가의 지원군들까지 합세하면서 대규모의 연합군이 만들어졌어요. 그리스 연합군은 트로이로 쳐들어갔고, 이렇게 해서 트로이 전쟁이 벌어지게 되었어요. 트로이 전쟁은 장장 10년 동안이나 계속되었어요. 사과 하나 때문에 전쟁까지 벌어지다니, 정말 불화의 씨앗이라 할 수 있겠지요.

설득력을 잃은 카산드라의 예언

　태양의 신 아폴론은 트로이에 사는 미모의 여인 카산드라를 발견하고 사랑에 빠졌어요. 카산드라는 트로이의 프리아모스 왕과 헤카베 사이에서 태어난 공주였지요. 사랑에 빠진 아폴론은 카산드라를 찾아가 사랑을 고백했어요.

　"아름다운 카산드라, 나는 당신을 보고 단번에 사랑에 빠졌소. 내 사랑을 받아 주지 않겠소?"

　하지만 카산드라는 아폴론이 별로 마음에 들지 않았어요. 그래서 거절할 목적으로 아폴론이 들어주지 않을 것 같은 소원을 말했어요.

　"제게 미래를 내다볼 수 있는 예언력을 주세요. 그러면 아폴론님의 사랑을 받아들이지요."

　카산드라의 말을 들은 아폴론은 속으로 깜짝 놀랐어요. 예

아폴론과 에오스

태양의 신 아폴론이 활활 불타오르는 태양 마차를 끌고 있다. 아폴론 옆에서 함께 날고 있는 여신은 새벽의 여신 에오스이다. 드 레레스의 작품이다.

언력은 오로지 신만이 가질 수 있는 능력이었어요. 하지만 사랑에 눈이 먼 아폴론은 인간이 가져서는 안 되는 예언력을 그만 카산드라에게 주고 말았어요. 아폴론이 소원을 들어줄 거라 생각하지 못했던 카산드라 역시 놀랐어요. 그렇다고 해서 아폴론에 대한 사랑이 갑자기 생겨날 리는 없었어요. 그래서 카산드라는 아폴론에게 예언력을 받고도 계속 아폴론의 마음을 받아 주지 않았어요.

온갖 방법을 동원하여 카산드라의 마음을 얻으려 했지만 실패한 아폴론은 체념한 듯 카산드라에게 부탁했어요.

"카산드라, 알겠소. 내가 그렇게 싫다면 어쩔 수 없는 일이지요. 내 그대를 깨끗이 포기할 테니 나에게 마지막 이별의 입맞춤이라도 해 줘요. 설마 그것마저 못하겠다는 건 아니겠지요?"

"아폴론님, 당신의 사랑을 받아들이지 못해 미안해요."

아폴론의 마지막 부탁까지 거절할 수 없었던 카산드라는 아폴론에게 이별의 키스를 해 주었어요. 그 순간 아폴론은 카산드라와 키스를 나누면서 그녀의 혀끝에 담긴 설득력을 빼앗아 버렸어요. 아폴론은 예언력을 선물 받고도 약속을 지키지 않은 카산드라에게 이렇게 복수를 한 셈이지요. 미래를 예언하되 아무도 그녀의 말을 귀담아듣지 않는 저주를 내린 거예요.

그 후로 사람들은 설득력을 빼앗긴 카산드라의 예언을 아무도 믿지 않았어요. 카산드라가 하는 말은 모두 옳았지만, 사람들은 오히려 그녀를 이상한 사람으로 취급했어요. 신의 예언력을 얻어 뛰어난 예언가가 되었지만, 아무도 귀담아듣지 않으

카산드라의 예언

'카산드라의 예언'이란 옳은 말이지만 아무도 그 말을 믿지 않는 경우에 빗대어 많이 사용해요. 사람과의 관계에서 신뢰를 잃어버리면, 설사 아무리 옳은 말이나 행동을 하더라도 의심을 받을 수 있어요. 그러니 평소에 올바르게 말하고 행동하는 것이 매우 중요해요. 매일 거짓말을 하는 바람에 나중엔 진실을 말해도 아무도 믿어 주지 않았던 양치기 소년의 일화를 떠올리면 될 거예요. 또한 카산드라는 나쁜 일이나 재앙을 예언하는 사람의 대명사로도 쓰이고 있어요.

카산드라

카산드라의 뒤편에는 그녀의 고향인 트로이가 불타고 있다. 트로이 사람들은 설득력을 잃은 카산드라의 말을 믿어 주지 않았고, 결국 전쟁에서 패하고 만다. 드 모르간의 작품이다.

니 정작 그 예언은 쓸모없는 것이 되어 버렸어요.

 카산드라는 이미 트로이 전쟁이 벌어질 것이라는 사실을 내다보고 있었어요. 그래서 사람들에게 파리스 왕자를 스파르타의 사신으로 보내지 말자고 주장했지만 아무도 믿지 않았어요. 스파르타로 떠난 파리스는 스파르타의 왕비였던 헬레네와 부부가 되어 함께 돌아왔고, 결국 트로이 전쟁이 벌어졌지요. 그 뒤 그리스 군사들이 '트로이 목마'로 위장 전술을 펼칠 때도, 그녀는 이미 그것이 트로이의 멸망을 몰고 올 것이라는 사실을 알고 반대했어요.

 "여러분, 저 목마는 트로이를 멸망시킬 것입니다! 목마를 성안으로 들여놓아서는 안 됩니다!"

하지만 이번에도 트로이 사람들은 그녀의 예언을 믿지 않았어요.

"카산드라 공주가 또 이상한 소리를 하는군."

결국 카산드라는 자신이 예지한 대로 트로이가 멸망하는 것을 가만히 지켜볼 수밖에 없었어요. 전쟁이 끝난 뒤, 트로이의 공주 카산드라는 그리스군 총사령관인 아가멤논 왕에게 잡혀 미케네로 끌려갔어요. 미케네로 돌아가면서 카산드라는 아가멤논에게 이렇게 경고를 했어요.

"미케네로 돌아가면, 당신은 당신의 아내인 왕비에게 목숨을 잃을 거예요. 나 또한 죽게 될 거예요. 내 말을 믿어 줘요."

아가멤논이 트로이 전쟁에 나가 있는 동안, 왕비는 다른 남자와 사랑에 빠지고 말았어요. 이미 아가멤논에게 마음이 떠난 왕비는 남편이 전쟁에 승리하여 돌아온다는 소식을 듣고, 남편과 카산드라가 미케네에 돌아오는 대로 둘 다 죽일 계획을

스파르타 교육이란?

'스파르타 교육'이란 고대 그리스의 도시 국가 중 하나인 스파르타에서 행해진 교육 방식으로 국가가 직접 나서서 엄격하게 진행하는 교육을 말해요. 요즘은 엄한 규율 아래 강제로 뭔가를 하도록 하는 경우에 빗대어 많이 사용해요. 당시 스파르타는 교육뿐만 아니라, 출생에서 사망까지 모든 것을 국가가 통제했어요. 강한 국가를 위해 강인한 군인을 원했던 스파르타는 허약한 아이가 태어나면 들판에 버리고, 건강한 아이들만 골라 교육하고 훈련시켰어요. 그렇게 해서 강력한 군사 국가가 되었지만, 그 뒤엔 약하다는 이유만으로 수없이 죽어간 많은 아이들이 있었어요.
하지만 아무리 스파르타 교육을 해도, 자기 스스로 하고자 하는 마음이 없으면 결국 아무 소용이 없겠지요.

아가멤논을 살해하기에 앞서 주저하는 클리타임네스트라

아가멤논의 아내 클리타임네스트라가 남편 아가멤논을 죽이려다 주저하고 있다. 그녀의 연인 아이기토스가 클리타임네스트라의 등을 떠밀며 부추기고 있다. 나르시스 게랭의 작품이다.

세우고 있었어요.

"내 아내가 나와 당신을 죽인다니, 이 무슨 말도 안 되는 소리요? 괜히 도망가려고 허튼 수작 부리지 마시오."

아가멤논 역시 카산드라의 예언을 믿지 않았어요. 결과를 뻔히 알고 있는 카산드라는 미칠 지경이었어요. 하지만 설득력을 잃어버린 자신의 예언은 아무 소용이 없었어요. 결국 자신이 죽을 것이라는 사실을 뻔히 알면서도 운명처럼 받아들일 수밖에 없었지요. 마침내 미케네에 도착한 카산드라는 아가멤논과 함께 왕비에게 목숨을 빼앗겼어요. 설득력을 잃은 카산드라의 예언은 그녀의 죽음과 함께 이렇게 비극적 결말을 맺고 말았어요.

에로스의 두 화살

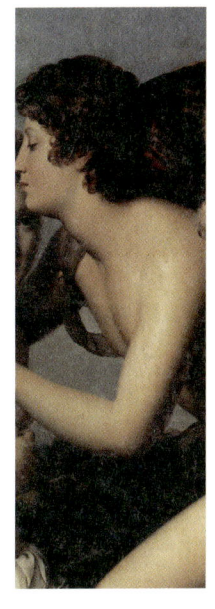

　어느 날, 길을 지나가던 태양의 신 아폴론은 사랑의 신 에로스와 우연히 마주치게 되었어요. 에로스가 항상 지니고 다니는 황금 화살과 납 화살을 본 아폴론은 에로스를 놀렸어요.
　"네 화살은 정말 조그맣구나, 그걸로 대체 뭘 맞출 수 있는지 모르겠어!"
　에로스는 아폴론의 뒷모습을 바라보며 주먹을 쥐었어요.
　"나를 놀렸단 말이지? 두고 봐라, 이 작은 화살로 본때를 보여 주고 말 테니까!"
　에로스가 누구인가요? 마음만 먹으면 신이든 인간이든 상관없이 사랑에 빠지게 할 수 있는 사랑의 신이에요. 화가 난 에로스는 아폴론을 향해 황금 화살을 쏘았어요. 에로스의 황금 화살을 맞으면 누구든 처음 본 사람과 무조건 사랑에 빠지게 돼

활을 만드는 에로스

에로스가 활을 만들다 말고 고개를 돌려 우리를 빤히 쳐다보고 있는 장면을 묘사했다. 파르미자니노의 작품이다.

요. 에로스에게 황금 화살을 맞은 아폴론은 그 순간 마주친 강의 신 페네이오스의 딸인 다프네에게 마음을 빼앗기고 말았어요. 다프네에게 빠진 아폴론은 그녀의 사랑을 얻기 위해 계속 그녀의 주위를 어슬렁거렸어요. 그리고 마침내 용기를 내어 사랑을 고백하려는 순간이었어요. 다프네의 가슴에 에로스의 납 화살이 날아들었어요.

"흥, 이번에는 납 화살이다. 내가 다프네의 사랑을 얻게 내버려둘 것 같으냐!"

납 화살은 황금 화살과 달리 처음 눈에 띈 사람을 무조건 미워하게 되는 화살이에요. 납 화살을 맞은 다프네는 자신의 눈앞에서 사랑을 외치는 아폴론을 미워하게 되었어요. 아무것도 모르는 아폴론은 다프네의 뒤를 하루 종일 따라다니며 소리쳤어요.

"아름다운 다프네, 제발 내 사랑을 받아 줘요!"

아폴론이 매달리면 매달릴수록, 다프네는 그의 사랑을 완강히 거부했어요. 그리고 더욱더 아폴론을 미워하게 되었지요. 아폴론이 빠르게 다가오면, 다프네는 더 빠르게 도망을 쳤어요.

둘의 달리기가 얼마나 진행이 되었을까, 아폴론의 손아귀에서 벗어나려고 계속 달리던 다프네는 점점 힘이 빠졌어요. 지친 그녀는 결국 아폴론에게 붙잡힐 위기에 놓이고 말았어요. 아폴론의 손이 다프네에게 막 닿으려는 찰나, 다급해진 다프네는 아버지인 페네이오스에게 소원을 빌었어요.

"아버지, 아폴론의 손에 잡히느니 차라리 저를 나무로 만들어 주세요!"

그 순간 다프네의 손끝에서 초록 잎사귀가 무수히 생겨났어

> **월계관**
>
> 월계관이란 월계수 나무로 만들어 머리에 쓰는 관으로, 명예와 영광을 뜻해요. 고대 그리스에서는 경기에 이긴 승리자에게 아폴론을 상징하는 나무인 월계수로 관을 만들어 씌워 주었어요. 흔히 경기에서 승리한 사람을 두고 '월계관을 쓰다'라고 말하기도 하지요. 학문 등의 분야에서 가장 뛰어난 사람을 칭송하는 표현으로 쓰기도 해요.

아폴론과 다프네

아폴론이 자신을 피해 도망치는 다프네를 막 붙잡고 있는 장면이다. 앞에 있는 노인은 다프네의 아버지로 자신을 나무로 만들어 달라는 딸의 소원을 들어주고 있다. 바티스타 티에폴로의 작품이다.

요. 그녀의 양 팔은 나뭇가지가 되었고, 몸통은 딱딱한 나무껍질로 뒤덮였어요. 부드러운 머리카락은 어느새 무성한 나뭇잎으로 바뀌었어요. 하얀 두 다리는 나무 밑동이 되어 땅에 단단히 자리를 잡았지요. 다프네는 한 그루의 월계수 나무로 변해 버렸어요. 바람이 불자 나뭇잎이 흔들리며 우수수 소리가 났어요. 슬픔에 빠진 아폴론이 입을 열었어요.

"다프네, 그렇다면 나의 나무라도 되어 줘요."

그러자 나뭇가지 하나가 알겠다는 듯 흔들렸어요. 아폴론은 월계수로 왕관을 만들었어요. 그 후 고대 그리스에서는 경기에서 이기는 사람에게 월계수 관을 만들어 씌워 주었어요. 비록 에로스의 장난으로 한쪽은 미워하고 한쪽은 사랑하는 일방적인 관계가 되어 슬프게 끝나고 말았지만, 이번만큼은 에로스의 화살이 끝까지 힘을 발휘하지 못했나 봐요. 그러니 나무가 된 다프네가 비로소 아폴론의 마음을 알고 그 마음을 받아 준 것이겠지요.

토머스 불핀치

그리스로마 신화를 오늘날의 이야기로 집대성한 사람이 토머스 불핀치예요. 미국 매사추세츠에서 1796년에 태어나 하버드 대학을 졸업한 토머스 불핀치는 평소 고전에 많은 관심이 있었어요. 그래서 그는 유럽 신화를 미국인들에게 소개하기 위해 고전과 관련된 여러 권의 책을 썼어요. 그중의 하나가 『신화의 시대 : 그리스로마 신화』예요. 이 책이 바로 오늘날 전 세계에 번역되고 있는 유명한 그리스로마 신화의 밑바탕이에요. 당연히 우리나라에 소개된 그리스로마 신화도 토머스 불핀치의 책을 기본으로 삼고 있어요.

천년의 예언가 시빌레

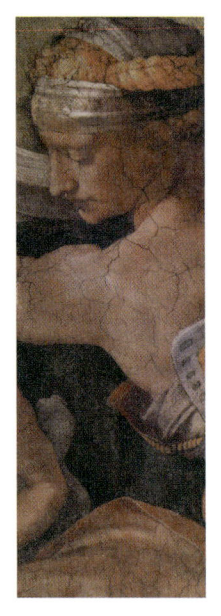

시빌레 역시 아폴론의 사랑을 받게 된 아름다운 여인이었어요. 아폴론은 시빌레의 사랑을 얻기 위해 이렇게 말했어요.

"그대가 나의 사랑을 받아 준다면 무슨 소원이든 들어주리라."

이번에도 아폴론은 소원을 들어준다며 여인의 사랑을 얻으려 했지요. 그러자 시빌레는 손에 모래를 가득 쥐고 입을 열었어요.

"제 소원은 이 모래알의 수만큼 오래 사는 것이에요."

아폴론은 별 어려움 없이 시빌레의 소원을 들어주었어요. 하지만 소원을 말할 때 시빌레가 깜빡 놓친 것이 있었어요. 오래만 살게 해 달랬지, 젊음을 유지하면서 살게 해 달라는 말은 잊고 하지 않았어요. 게다가 시빌레는 아폴론에 의해 소원을

쿠마에의 시빌레

쿠마에 지방의 시빌레를 그린 그림이다. 그녀의 손에 들린 두루마리에는 미래에 대한 중요한 예언이 담겨 있을 것만 같다. 도메니키노의 작품이다.

이루고 난 뒤에도 마음이 변했다는 이유로 약속을 지키지 않았어요. 화가 난 아폴론은 시빌레가 그대로 늙도록 내버려 두었어요. 결국 시빌레는 늙고 지친 몸으로 무수히 많은 세월을 살아야 했어요. 하지만 후회해 봐야 소용이 없었어요.

시빌레는 한때 여신 아프로디테와 트로이 왕족 안키세스 사이에서 태어난 영웅 아이네이아스를 도와준 적이 있어요. 트로이 전쟁을 마치고 집으로 돌아가던 아이네이아스가 저승으로 가는 모험을 할 때, 아버지 안키세스의 영혼과 만날 수 있도록 저승으로 가는 길을 안내해 준 것이지요. 그때 그녀의 나이는 이미 700살이 넘었다고 해요. 저승에서 지상으로 돌아오는 길에 아이네이아스가 시빌레에게 말했어요.

"저를 도와주셔서 정말 감사합니다. 당신이 여신이든 인간이든 상관없이 나는 당신을 항상 존경하겠어요. 신전을 세우고 제물을 바치며 경배하겠습니다."

아폴론의 사랑

아폴론은 태양, 음악, 예언, 궁술을 담당하는 올림포스 신이에요. 그의 아버지는 제우스 신이고 어머니는 레토 여신이에요. 또한 달과 사냥의 여신인 아르테미스와 쌍둥이 남매 사이에요.

잘생기고 재주도 많았던 아폴론 신이지만 이상하게도 그의 사랑은 대개 비극적으로 끝났어요. 강의 신인 에우네오스의 딸 마르페사를 사랑했지만 그녀는 아폴론 대신 인간 애인을 택했어요. 또 코로니스 공주는 아폴론의 아이를 임신했지만 그 사실을 숨기고 다른 사람과 결혼하려고 했어요. 그래서 화가 난 아폴론은 코로니스 공주를 죽이고 말았어요. 죽은 그녀의 몸에서 꺼낸 아이가 바로 의술의 신 아스클레피오스예요. 또 아폴론이 매우 아꼈던 미소년 히아킨토스는 서풍의 신 제피로스의 질투 때문에 목숨을 잃었지요. 신이지만 모든 걸 다 얻을 수 있는 것은 아니었나 봐요.

아폴론과 시빌레가 함께 있는 강의 풍경

아폴론과 시빌레가 고요한 강가에서 무언가 중요한 이야기를 나누고 있다. 살바토르 로사의 작품이다.

그러자 시빌레가 대답했어요.

"나는 인간이니 제물을 바칠 필요는 없소. 옛날, 나는 아폴론에게 무수히 많은 세월을 얻었으나 젊음을 달라는 말은 그만 잊고 하지 못했소. 만약 내가 아폴론의 사랑을 받아들였다면, 그는 분명 나에게 젊음까지 주었을 것이오. 나는 700년 동안 살아왔지만, 내가 살아온 만큼의 시간을 더 보내야 하오. 내 몸은 점점 늙어 나중엔 목소리만 남게 되겠지……."

자신의 말대로 늙어서 몸이 점점 작아진 시빌레는 병 속에 담겨져 동굴의 천장에 매달려 있었어요. 그리고 그녀는 어느

> **시빌레의 서책**
>
> 아무리 좋은 기회가 와도 그것을 잡기 위해 노력하지 않으면 아무런 소용이 없다는 뜻의 고사성어예요. '시빌레'는 아폴론에게 예언 능력을 받은 여인의 이름이었으나, 나중에 무녀 전체를 뜻하는 말로 바뀌었어요. 기회는 항상 오는 것이 아니니 늘 준비하고 있어야만 그것이 기회인지 아닌지 알아차릴 수 있겠지요.

순간부터 죽는 것이 소원이었다고 해요.

시빌레는 늙은 몸을 이끌고 고대 로마의 한 왕에게 예언서를 팔기도 했어요. 시빌레는 아홉 권의 책을 가지고 로마의 왕을 찾아갔어요.

"내가 가져 온 아홉 권의 책을 사지 않겠소?"

왕은 노파에게서 남모르는 기운을 느끼고, 비록 책을 살 마음은 없었지만 얼마인지 물었어요. 시빌레는 아홉 권의 책을 가리키며 어마어마한 가격을 불렀어요. 왕은 어이가 없었어요. 그래서 코웃음을 치며 말했어요.

"그 책이 뭐라고 그렇게 비싼 가격을 매긴단 말이오? 내가 그런 속임수에 속을 것 같소? 당장 가지고 돌아가시오."

그러자 시빌레는 왕이 보는 앞에서 아홉 권 중 세 권을 불태워 버린 뒤 궁전을 떠났어요. 얼마의 시간이 지난 뒤, 시빌레는 이제 여섯 권의 책을 가지고 왕을 찾아와 말했어요.

"이 여섯 권의 책을 사지 않겠소? 가격은 전에 부른 것과 똑같소."

왕은 정말 어이가 없다는 얼굴로 입을 열었어요.

"허허, 세 권이나 줄어들었는데 아홉 권 가격에 팔겠다니 말이 되는 소리요? 내 손에 죽지 않은 걸 다행으로 여기고 당장 돌아가시오!"

왕을 빤히 쳐다보던 시빌레는 다시 책 세 권을 불태워 버리고 돌아갔어요. 그리고 얼마 뒤에 달랑 세 권밖에 남지 않은 책을 들고 또 왕 앞에 모습을 드러냈어요.

"이제 세 권 남았는데 어찌하겠소? 값은 여전히 처음에 불렀던 그 가격이오."

그제야 왕은 시빌레가 정말 심상치 않은 사람이라는 것을 깨달았어요. 다급해진 왕은 시빌레가 맨 처음 불렀던 아홉 권의 가격을 주고 남은 세 권의 책을 샀어요.

시빌레가 돌아간 뒤, 책을 펼쳐 본 왕은 깜짝 놀라고 말았어요. 그 책은 로마의 미래를 담고 있는 중요한 예언서였어요. 하지만 세 권밖에 없었기 때문에 왕은 미래의 일부만을 읽을 수 있었어요.

"이렇게 귀한 책인 줄 알았더라면 진작 샀을 것을! 그러면 모든 미래를 다 알 수 있었을 텐데."

왕은 시빌레를 몰라보고 그녀를 내쫓았던 자신의 행동을 후회하며 탄식했어요. 그러나 시빌레가 불태워 버린 여섯 권의 예언서는 이미 돌이킬 수 없는 일이었어요.

천년의 예언가 시빌레 67

디오니소스와 미다스 왕

미다스는 소아시아의 프리지아 지방을 다스리는 왕이었어요. 어느 날 포도밭 주인이 한 노인을 데리고 씩씩거리며 미다스 왕을 찾아왔어요.

"임금님, 이 사람 좀 보십시오. 글쎄, 제 포도밭에서 멋대로 포도를 따먹고 술에 취해 잠들어 있지 뭡니까! 이 도둑놈을 꼭 벌해 주십시오."

노인은 낡고 더러운 옷을 입고, 수염도 제대로 깎지 않아 몹시 지저분한 모습이었어요. 노인을 찬찬히 살펴보던 미다스 왕은 깜짝 놀라고 말았어요.

"아니, 당신은 디오니소스 신의 스승님이 아닙니까?"

"맞소. 내가 바로 디오니소스의 스승이오."

디오니소스는 제우스와 세멜레 공주 사이에서 태어난 술과 황홀경의 신으로 올림포스 12신 중 하나이지요. 스승과 친구

미다스와 디오니소스

미다스 왕이 디오니소스 신에게 소원을 빌고 있는 장면이다. 디오니소스 옆에 있는 술 취한 사람들이, 그가 술의 신이라는 사실을 알려 주고 있다. 니콜라 푸생의 작품이다.

디오니소스

술과 황홀경의 신으로, 제우스와 인간 여인 세멜레 사이에서 태어났어요. 바쿠스, 바카스 등으로도 불리지요. 디오니소스를 임신한 세멜레는 이를 질투한 헤라의 꼬드김에 넘어가, 번개 모습의 제우스를 보고 그만 불타 죽고 말았어요. 이때 제우스는 세멜레의 배 속에서 디오니소스를 꺼내 자신의 허벅지에 넣었어요. 그렇게 해서 디오니소스는 제우스의 허벅지에서 태어났지요. 디오니소스라는 이름은 '어머니가 둘'이라는 뜻이에요.
술의 신 디오니소스가 있는 곳은 항상 흥겨운 축제가 열렸어요. 그래서 많은 사람들이 디오니소스를 따랐지요. 고대 그리스에서는 디오니소스를 위한 의식을 치르곤 했는데, 이것이 바로 그리스 연극의 시조라고 해요.

들을 데리고 프리지아로 여행을 왔는데, 술에 취한 스승이 그만 포도밭에서 잠들어 버린 것이에요.

미다스 왕은 디오니소스의 스승에게 맛있는 음식과 달콤한 술을 대접했어요. 디오니소스의 스승은 미다스 왕의 궁전에서 먹고 마시며 편안하게 며칠을 보냈어요. 열흘 뒤 이 소식을 들은 디오니소스는 왕궁으로 스승을 모시러 왔어요. 잘 지내고 있는 스승을 보고 기분이 좋아진 디오니소스는 미다스 왕에게 말했어요.

"미다스 왕이여, 스승님을 잘 대접해 주어 매우 고맙소. 내 감사의 표시로 그대의 소원을 하나 들어줄 테니 원하는 것을 말해 보시오."

그 말을 듣는 순간 지혜로웠던 미다스 왕의 마음에 욕심이 생겨나 생각을 흐리게 했어요. 그래서 미다스는 이렇게 말했어요.

"제 손이 닿는 것마다 모두 황금으로 변하게 해 주십시오."

미다스 왕의 소원을 들은 디오니소스는 소원을 바꿀 기회를 주겠다는 듯이 이렇게 물었어요.

"황금이라, 그것으로 됐는가? 다른 소원을 비는 것이 어떻겠소?"

"저는 이 소원으로 만족합니다."

디오니소스는 정 그렇다면 어쩔 수 없다는 표정으로 미다스 왕의 소원을 이루어 주었어요.

"이제 그대가 원하는 대로 모든 것이 이루어지리라."

소원을 들어준 디오니소스는 스승을 모시고 돌아갔어요. 혼자 남은 미다스 왕은 한편으로는 뛸 듯이 기쁘면서도, 한편으로는 정말 그렇게 되는지 믿어지지 않았어요.

'정말 내가 만지는 것마다 황금으로 변할까? 그러면 나는 지금보다 더 어마어마한 부자가 될 수 있어. 그 황금으로 세상을 지배할 수 있을 지도 몰라.'

미다스 왕은 떨리는 손으로 궁전 뜰에 있는 참나무 가지를 꺾었어요. 그 순간 정말 참나무 가지가 황금으로 변하지 뭐예요. 다음으로 나뭇잎을 툭 따자 이번에는 황금 잎사귀로 변했어요. 미다스 왕은 신이 나서 이것저것 만지느라 정신이 없었어요. 미다스 왕의 손이 닿는 것마다 모두 번쩍번쩍 빛나는 황금이 되었어요. 너무나 기쁜 나머지 미다스 왕은 궁전이 떠나갈 듯 큰 소리로 한바탕 웃었어요.

미다스 왕은 기쁨을 축하하기 위해 큰 잔치를 열었어요. 그리고 잔치 음식을 먹기 위해 손을 씻으러 시녀가 가져 온 대야

대박을 터뜨리는 미다스의 손

미다스를 영어로는 마이더스라고해요. 그래서 '마이더스의 손'이라고도 하지요. 뭐든지 하는 일마다 대박을 터뜨려 큰돈을 버는 사람을 일컫는 말로 요즘 많이 쓰여요. 하지만 '미다스의 손'에는 이런 뜻만 있는 것은 아니에요. 과한 욕심은 결국 파멸을 가져온다는 탐욕과 욕심에 대한 경계의 의미로도 쓰여요. 한 나라의 왕이면서 더 부자가 되고 싶다는 욕심을 부리다 결국 사랑하는 딸을 잃었던 미다스 왕의 이야기를 떠올려 보면 무슨 말인지 잘 알 수 있겠지요.

에 손을 담갔어요. 그러자 물이 황금으로 변했어요.

"하하하, 이것 봐! 물까지 황금이 되는구나!"

미다스 왕은 아주 흡족한 마음이 되었어요. 미다스 왕이 껄껄 웃으면서 포도주 잔을 들고 한 잔 쭉 들이키려고 하는데, 그만 잔속에 든 술도, 포도주 잔도 모두 황금으로 변해버리고 마는 것 아니겠어요? 그 순간 미다스 왕은 뭔가 크게 잘못되었다는 것을 깨달았어요. 당황한 미다스 왕은 고기와 과일을 닥치는 대로 잡았지만 모두 황금으로 변해 먹을 수가 없었어요.

"내가 어리석었어!"

미다스 왕은 이제 빵 한 조각도 먹을 수가 없었어요. 손대는 것마다 황금으로 변하고 말았으니까요. 미다스 왕은 절망하며 바닥에 주저앉았어요. 엄청난 부자가 되었지만 굶어 죽으면 다 무슨 소용인가요? 미다스 왕은 그제야 왜 디오니소스가 다른 소원을 빌라고 했는지 알 것 같았어요.

"아버지, 무슨 일로 그렇게 슬퍼하시나요?"

그때 미다스 왕의 괴로워하는 소리를 듣고 공주가 나타났어

팍톨로스 강에서 몸을 씻는 미다스 왕

미다스 왕이 팍톨로스 강에서 몸을 씻고 있다. 누워 있는 뒷모습의 주인공은 디오니소스로, 몸을 씻는 미다스 왕을 바라보고 있다. 니콜라 푸생의 작품이다.

요. 사랑하는 공주의 얼굴을 보자 미다스 왕의 마음은 더욱 슬퍼졌어요. 미다스 왕은 공주를 와락 끌어안으며 말했어요.

"오, 귀여운 공주야. 이 아버지의 이야기를 들어 보려무나."

하지만 미다스 왕이 팔을 풀었을 때, 공주는 이미 싸늘한 황금 동상이 되어 있었어요.

"이럴 수가! 공주마저 황금이 되어 버리다니……."

엄청난 재앙 앞에 미다스 왕의 가슴은 갈기갈기 찢어지는 것 같았어요.

"신이시여, 제발 이 고통스러운 소원을 다시 거둬 가 주십시오."

미다스 왕은 디오니소스에게 달려가 애원했어요. 디오니소스는 미다스가 스스로 어리석음을 깊이 깨달았음을 알고 마음을 바꾸어 그 방법을 일러 주었어요.

"이제야 그대의 어리석음을 알았는가? 팍톨로스 강으로 가서 몸을 씻으라. 그러면 다시 예전으로 돌아갈 테니까."

"감사합니다. 감사합니다. 진정으로 현명한 왕이 되겠습니다."

디오니소스에게 감사의 인사를 드린 미다스 왕은 한걸음에 팍톨로스 강으로 달려가 목욕을 했어요. 그러자 디오니소스의 말대로 뭐든지 황금으로 바꾸는 저주에서 풀려났어요. 대신 황금을 만드는 미다스의 능력이 그 강물로 옮겨 가, 강의 바닥에 깔려 있던 모래들이 반짝반짝 빛나게 되었어요. 강바닥의 모래에서 볼 수 있는 사금은 이렇게 생겨난 것이라고 해요.

디오니소스와 마니아(mania)

디오니소스는 술, 황홀경, 축제의 신이다보니 그를 따라다니는 사람이 매우 많았어요. 그중에서도 미친 듯이 따라다니며 디오니소스와 축제를 벌이는 사람들이 있었는데 원래는 이들을 마니아(mania)라고 불렀어요. 마니아는 영어로 열광, 열기라는 뜻이고 그리스어로는 광기라는 뜻을 지니고 있지요. 지금은 무언가에 몰두하는 사람을 가리키는 말이 되었어요. 우리도 외래어로 마니아란 말을 널리 쓰지요.

디오니소스의 로마 이름은 바쿠스인데, 영어로는 바카스라 불러요. 박카스는 우리가 잘 알고 있는 피로 회복제의 이름이기도 해요.

에로스와 프시케의 사랑

황금 화살과 납 화살을 가지고 다니는 에로스는 사랑과 미의 여신 아프로디테의 아들이에요. 어머니 아프로디테도 에로스의 화살에 살짝 스친 뒤 잘생긴 청년인 아도니스에게 한눈에 반했던 적이 있었지요. 그리고 에로스 자신도 예외는 아니었어요.

아프로디테는 어느 날 프시케 공주에 대한 소문을 듣게 되었어요. 프시케 공주가 아프로디테 자신보다 더 아름답다는 이야기였지요. 마음이 상한 아프로디테는 아들 에로스를 불러 명령했어요.

"감히 인간 주제에 나를 이기려 들다니, 괘씸하기 짝이 없구나! 그 프시케라는 아이를 아주 불행한 사랑에 빠뜨려 버려라!"

명령을 받은 에로스는 프시케의 궁전으로 날아갔어요. 곤히 잠들어 있던 프시케의 모습이 어찌나 아름다웠던지, 에로스는

벌집을 들고 있는 에로스와 아프로디테

벌집을 가지고 놀다 벌에 쏘인 어린 에로스가 어머니 아프로디테에게 아프다고 말하는 장면이다. 루카스 크라나흐의 작품이다.

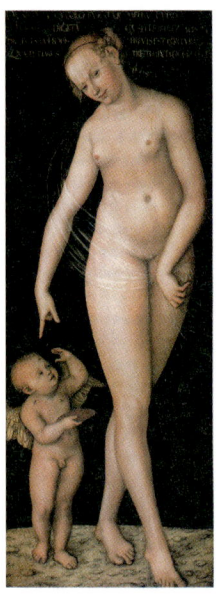

그 아름다움에 멈칫하다가 그만 황금 화살로 자신의 손가락에 상처를 내고 말았어요. 그 순간 프시케를 사랑하게 된 에로스는 황급히 자리를 떠났어요.

한편 프시케가 너무 아름답다 보니 오히려 그녀와 선뜻 결혼하겠다고 나서는 이가 없었어요. 다들 그녀와 결혼할 수 없을 거라고 지레짐작하고 포기한 거예요. 걱정이 된 부모는 아폴론 신전에 물었는데 다음과 같은 신탁을 들었어요.

"그대의 딸은 신들마저도 두려워하는 자와 결혼할 것이다. 딸에게 신부 옷을 입혀 산에 두고 떠나도록 하여라."

신탁을 들은 프시케의 부모는 깜짝 놀랐어요. 신들마저 두려워하는 존재라니, 분명 무시무시한 괴물일 것이라 생각했지요. 그렇다고 신의 명령을 어길 수는 없었어요.

산에 혼자 남겨진 프시케는 부모님의 걱정과 달리 바람 신의 도움을 받아 어느 화려한 궁전에 도착했어요. 그리고 목소리만 들리는 하인의 시중을 받으며, 맛있는 식사와 호화스러운 대접을 받았지요. 밤이 되자 프시케는 자신의 곁에 누군지는 모르지만 이제 남편이 된 사람이 와서 눕는 것을 느꼈어요. 그 사람은 프시케에게 몹시 다정하게 대해 주었지만, 자신의 모습은 절대 보여 주지 않았어요. 그리고 아무리 궁금하더라도 자신의 모습을 보려고 하지 말라고 했어요. 남편은 밤이 되면 방의 불을 다 끄고 프시케와 함께 지내다가, 날이 새기 전에 돌아가 버렸지요. 남편의 모습은 볼 수 없었지만 다정한 남편의 행동과 말에 프시케도 점점 남편을 사랑하게 되었어요. 프시케는 밤마다 남편을 기다리며 행복한 나날을 보내고 있었어요.

그런데 평소에도 늘 프시케를 질투하던 언니들은 괴물에게 잡아먹힐 줄 알았던 프시케가 오히려 화려한 궁전에서 편하게 사는 모습을 보자 샘이 나서 견딜 수가 없었어요. 그래서 프시케를 꼬드겼어요.

"얘, 프시케. 너는 신탁을 잊은 거니? 네 남편은 틀림없이 엄청 흉측한 괴물일 거야. 그러니까 너에게 모습을 보여 주지 않는 거지. 밤에 한번 몰래 확인해 보렴. 이 언니들 말이 맞을 테니까."

언니들에게 에로스의 선물을 자랑하는 프시케

프시케가 언니들을 궁전으로 초대하여 자신의 행복을 자랑하고 있다. 오노레 프라고나르의 작품이다.

　프시케도 사랑하는 남편의 모습이 궁금해 죽을 지경이었어요. 결국 언니들의 꼬드김에 넘어간 프시케는 언니들 말대로 어느 날 밤 슬쩍 눈을 떴어요. 남편의 모습은 보이지 않았지만, 자신의 옆에 잠들어 있다는 것이 느껴졌지요. 프시케는 미리 준비해 둔 램프에 불을 붙여 남편을 비추었어요. 그런데 이게 웬일일까요? 그곳에는 무시무시한 괴물 대신 아름다운 신이 잠들어 있었어요. 바로 사랑의 신 에로스였지요. 황금 화살과 납 화살로 언제든지 신들의 마음을 조종할 수 있었기에 신들마저 두려워하는 존재였던 것이지요.

　깜짝 놀란 프시케는 그만 램프의 뜨거운 기름을 에로스의 어깨에 흘리고 말았어요. 잠을 자다가 난데없이 화상을 입고 화들짝 놀라 깨어난 에로스는 모든 사태를 다 알게 되었어요. 프시케는 너무 당황했어요.

"죄송해요, 저는 그저 당신의 모습을 보고 싶었을 뿐이에요."

하지만 에로스는 그런 프시케를 보고는 아무 말도 하지 않은 채 놀란 얼굴로 서둘러 사라져 버렸어요.

에로스가 떠나고 흐느껴 울던 프시케는 그만 정신을 잃었어요. 그리고 한참 후에 깨어나 보니, 자신이 어느 들판에 누워 있었어요. 에로스가 떠나면서 궁전도 사라져 버린 것이에요. 에로스를 찾아 떠돌던 프시케는 굳은 결심을 하고 아프로디테를 찾아갔어요. 아프로디테는 가뜩이나 프시케가 마음에 들지 않았는데, 벌을 내리러 간 아들 에로스마저 사랑에 빠져 돌아오다니 정말 어이가 없었어요.

"아프로디테님, 에로스님을 만날 수 있다면 당신의 종이라도 되겠어요."

"그래! 알았다. 네가 가장 힘들고 어려운 일을 해낸다면 내 아들 에로스를 만나게 해 주마. 물론 그런 일은 없을 것이다."

그래서 아프로디테는 프시케에게 마구 뒤섞여 있는 보리와 수수 곡물 더미를 종류별로 정리하는 일, 난폭하기로 소문난

> **큐피드의 화살**
>
> 사랑의 신 에로스를 영어로는 큐피드라고 해요. 그러니 큐피드의 화살은 곧 에로스의 화살을 뜻하는 것이지요. 큐피드는 황금 화살과 납 화살 두 종류를 가지고 다니는데 납 화살을 맞으면 처음 보는 사람을 죽을 때까지 증오하게 되고 황금 화살을 맞으면 처음 본 사람을 사랑하게 되어요. 우리가 보통 '큐피드의 화살'이라고 하면 미움의 화살인 납 화살이 아니라 사랑의 화살인 황금 화살을 말해요. 그래서 누군가를 사랑하게 된 사람에게 '큐피드의 화살을 맞았다'라고 많이 표현하지요.

에로스와 프시케

에로스가 프시케의 이마에 입맞춤하는 장면을 묘사하고 있다. 프시케의 머리 위에는 나비가 날아다니고 있다. 프시케는 그리스어로 '영혼'과 '나비'를 뜻한다. 프랑수아 제라르의 작품이다.

숫양의 황금 털을 가져오는 일 등 프시케가 도저히 성공할 수 없는 힘든 일들을 시켰어요. 하지만 그때마다 개미를 비롯한 여러 동물들의 도움으로 프시케는 임무를 완수할 수 있었어요.

"또 성공했단 말이냐? 그래, 그렇다면 이번에는 지하 세계에 다녀오도록 해라. 저승의 왕비 페르세포네에게 아름다움의 비결이 담겨 있는 상자를 받아 오도록 하여라."

> **페르세포네와 데메테르**
>
> 하데스의 아내이자 지하 세계의 왕비인 페르세포네는 데메테르 여신의 딸이에요. 하데스에 의해 납치되어 지하 세계로 와서 결혼하게 되었지요. 데메테르 여신은 올림포스 12신 중 하나로, 로마 이름은 케레스예요. 곡식과 수확, 그리고 대지의 여신이에요. 또한 계절의 변화도 관장하고 있지요. 모두 농사와 관련된 것들이에요. 그래서 사람들은 인류에게 최대의 은혜를 베푸는 여신이라며 데메테르를 매우 숭배했어요.

저승이라면 죽어야만 갈 수 있는 곳이 아니겠어요? 하지만 프시케는 포기하지 않았어요. 결국 저승으로 가 아름다움의 비결이 담긴 상자를 손에 넣었어요. 하지만 프시케는 그만 돌아오는 길에 상자를 열어 보았어요. 그동안 고생하느라 잔뜩 볼품없어진 자신의 모습이 신경 쓰였기 때문이에요. 상자를 연 프시케는 그대로 바닥에 쓰러져 깊은 잠에 빠져들었어요. 상자 안에 있던 것은 '아름다움의 비결'이 아니라 '영원한 잠'이었던 거예요.

"결국 그 상자를 열어 보았군."

이 사실을 알게 된 에로스는 재빨리 프시케를 잠에서 깨워 냈어요. 다행히 시간이 얼마 지나지 않았던 터라 프시케는 다

넥타르와 암브로시아

그리스로마 신화에 나오는 신들은 인간처럼 똑같이 먹고 마셨어요. 하지만 사람과는 다른 아주 특별한 먹을거리가 있었는데 그것이 바로 넥타르와 암브로시아예요. 넥타르는 신들의 음료고, 암브로시아는 신들의 음식이에요. 음식인 암브로시아는 꿀, 과일, 치즈, 올리브유, 보리 등으로 만들었다고 해요. 신들은 이것을 먹었기에 죽지 않고 영원히 살 수 있었어요. 청춘의 여신 헤베와 제우스의 시종인 미소년 가니메데스가 신들에게 넥타르와 암브로시아를 주는 일을 맡았지요.

시 눈을 뜰 수 있었어요.

"아, 에로스님! 드디어 만났군요."

프시케는 그토록 찾아 헤매던 에로스가 자신의 눈앞에 있다는 사실에 감격의 눈물을 흘렸어요. 프시케를 데리고 올림포스로 간 에로스는 제우스에게 그동안 있었던 일들을 모두 이야기한 뒤 말했어요.

"그러니 제우스 신이여! 어머니가 노여움을 풀고 우리 둘을 받아들이도록 도와주십시오."

제우스는 아프로디테를 올림포스로 불러 그들의 사랑을 허락하도록 설득했어요.

에로스와 프시케를 본 아프로디테는 결국 둘의 사이를 허락해 주었어요.

"그래, 네가 에로스를 정말 사랑하는 게 맞는 것 같구나."

그 뒤 프시케는 신들의 음료인 넥타르를 마시고 신들의 음식인 암브로시아를 먹고 불사의 몸이 되어 에로스와 행복하게 살았어요. 결국 사랑의 힘에는 신들의 질투도 어쩔 수 없었던 것이지요.

키메라를 무찌른 벨레로폰

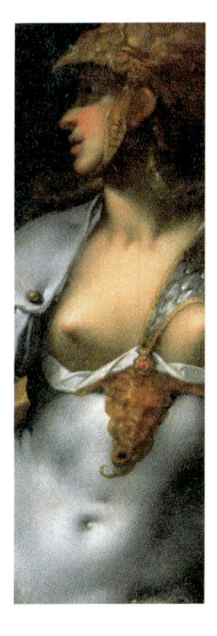

벨레로폰은 코린토스 왕 글라우코스의 아들로 태어난 왕자이지만, 그의 실제 아버지는 바다의 신 포세이돈이었어요. 어느 날 벨레로폰은 그만 큰 죄를 짓고 코린토스 왕국에서 쫓겨나고 말았어요. 아르고스의 왕이었던 프로이토스는 추방당한 벨레로폰을 자신의 나라에서 살 수 있도록 받아 주었어요. 프로이토스의 아내였던 안테이아 왕비는 자기 나라로 온 잘생긴 벨레로폰을 보고 그만 첫눈에 반하고 말았어요. 하지만 벨레로폰은 프로이토스 왕의 은혜를 생각해 왕비의 유혹을 단호하게 뿌리치고 절대 넘어가지 않았어요. 화가 난 안테이아 왕비는 그만 프로이토스 왕에게 거짓말을 했어요.

"왕이시여, 벨레로폰이 저를 유혹하려 했습니다."

"뭐라고, 아니 은혜도 모르고 내 아내를 유혹하려 하다니!"

키메라를 무찌른 벨레로폰

벨레로폰이 페가수스를 타고 무시무시한 괴물 키메라를 물리치고 있다. 파울 루벤스의 작품이다.

 왕비의 말에 깜빡 속아 넘어간 프로이토스 왕은 화가 머리 끝까지 나서 벨레로폰을 불렀어요. 당장 벨레로폰을 죽이고 싶었지만 자신이 초대한 손님을 죽이면 나쁜 왕이라 소문이 날까 꺼림칙했어요. 그래서 프로이토스 왕은 꾀를 하나 생각해 내었어요.

 프로이토스 왕은 아무 일 없다는 듯이 편지 한 통을 벨레로폰에게 주면서 말했어요.

"이 편지를 리키아의 이오바테스 왕에게 전해 주게. 이오바테스 왕은 나의 장인어른이라네. 편지를 전달하는 데 실수가 없어야 하네, 알겠는가?"

"네, 실수 없이 잘 전달하겠습니다."

벨레로폰은 프로이토스 왕의 편지를 들고 부지런히 리키아로 갔어요. 리키아의 이오바테스 왕은 편지를 받고 당황했어요.

'이 편지를 들고 온 사람을 없애 주십시오.'

벨레로폰은 자신을 죽이라는 편지를 전해 준 것이에요.

'이를 어쩌면 좋담? 손님을 아무 이유 없이 죽일 수는 없지 않은가. 사위의 부탁이니 들어는 줘야겠고…….'

이오바테스 왕도 아무 이유 없이 사람을 죽이기는 매우 꺼림칙했어요. 그래서 고민하던 이오바테스 왕은 벨레로폰에게 괴물 키메라를 처치해 달라고 했어요. 키메라는 머리는 사자, 몸은 염소, 거기에 독사의 꼬리까지 지닌 무서운 괴물이에요. 벨레로폰은 왕의 부탁을 거절할 수 없어서 고개를 끄덕였어요. 하지만 무시무시한 키메라를 어떻게 죽여야 할지 엄두가 나지 않았어요. 그때 예언자인 폴리에이도스가 나타나 말했어요.

"무슨 큰 걱정이 있는 모양이군. 내가 해결책을 알려 주겠네,

벨레로폰과 이오바테스 그리고 페가수스

벨레로폰이 페가수스와 함께 서 있다. 앉아 있는 사람은 이오바테스 왕이다. 페가수스의 뒤편에 있는 여인은 전쟁과 지혜의 여신 아테나이다. 안드레비치 이바노프의 작품이다.

아테나 여신의 신전에서 잠을 자게나."

벨레로폰은 폴리에이도스의 말대로 아테나 여신의 신전으로 가서 잠을 잤어요. 그러자 꿈속에서 아테나 여신이 나타나 말했어요.

"벨레로폰이여, 키메라를 잡기 위해서는 페가수스의 도움을 받아야 할 것이다. 내 그대에게 페가수스를 길들일 수 있는 황금 고삐를 주겠노라."

벨레로폰은 깜짝 놀라 잠에서 깨어났어요. 그런데 자신의 손에 정말로 황금 고삐가 쥐어져 있지 뭐예요? 벨레로폰은 아테나 여신의 말대로 페가수스를 찾아갔어요. 페가수스는 날개 달린 말인데, 여태까지 아무도 길들인 사람이 없었어요. 하지만 벨레로폰이 황금 고삐를 내밀자, 날뛰던 페가수스가 금세 차분해졌어요. 이렇게 해서 벨레로폰은 페가수스를 탈 수 있게 되었지요.

페가수스를 탄 벨레로폰은 하늘을 날아 키메라를 처치하러 갔어요. 키메라가 내뿜는 무시무시한 불꽃도 하늘에 있는 페가수스에겐 미처 닿지 못했지요. 벨레로폰은 키메라를 향해 날카로운 화살을 날렸어요. 벨레로폰이 쏜 화살을 정통으로

> **올림픽 대회**
>
> 그리스의 올림피아라는 마을의 이름을 딴 올림픽은 올림피아에서 하는 경기라는 뜻이에요. 고대 올림픽은 기원전 776년 그리스에서 신들의 최고신인 제우스를 기리기 위해 열렸어요. 고대 올림픽도 4년마다 대회를 열어 서로의 힘과 솜씨를 마음껏 겨루었다고 해요.
> 오늘날의 근대 올림픽은 옛날 그리스의 전통을 이어받아 1896년 쿠베르탱에 의해서 처음 시작되었어요. 이후 올림픽은 4년마다 열리면서 지금까지 이어져 오고 있어요.

벨레로폰의 편지

벨레로폰의 편지는 심부름하는 사람에게 몹시 불리한 편지라는 뜻이 있어요. 그래서 자기 자신에게 불리하거나 위험한 내용을 가리킬 때 사용하는 말로 쓰여요. 그러니까 '벨레로폰의 편지를 받았다'라고 말하는 것은 불리한 제안을 받았다는 의미예요.

맞은 키메라는 단숨에 죽고 말았어요. 키메라를 처치한 벨레로폰은 자신만만하게 이오바테스 왕에게 돌아갔어요.

"아니, 정말 키메라를 처치하다니!"

깜짝 놀란 이오바테스 왕은 벨레로폰에게 다른 과제들도 주었어요. 벨레로폰은 페가수스를 타고 모든 과제를 문제없이 처리해 냈어요.

"벨레로폰은 신이 아끼는 것이 분명하다. 이런 사람을 오히려 사위로 삼아야겠다."

이오바테스 왕은 벨레로폰을 자신의 딸과 결혼시켰어요. 오히려 전화위복이 된 셈이지요. 그렇게 행복한 나날을 보내던 벨레로폰은 황금 고삐를 믿고 점점 거만해져 갔어요. 페가수스만 있으면 두려울 것이 없다고 여겼지요. 그래서 페가수스를 타고 감히 신들이 사는 올림포스에 오르려다 제우스의 노여움을 사고 말았어요. 제우스는 등에를 한 마리 보내 페가수스를 쏘게 하였고 등에에 쏘인 페가수스는 놀라 날뛰다 그만 벨레로폰을 떨어뜨리고 말았어요. 땅으로 떨어진 벨레로폰은 다리가 부러지고 시력을 잃는 큰 부상을 당하게 되었어요. 하지만 다행히 목숨은 건졌지만 페가수스를 잃은 벨레로폰은 평범한 사람이 되어 외롭게 떠돌다 쓸쓸히 죽고 말았어요.

어머니와 결혼한 오이디푸스

테베의 3대 왕인 라이오스는 이오카스테와 결혼하여 아들을 낳았어요. 대를 이을 아들을 낳아 무척 기뻤어요. 그러나 그 기쁨도 잠시, 라이오스 왕은 자신이 태어난 아들에게 장차 살해될 것이라는 신탁을 들었어요.

'아, 이 무슨 운명의 장난이란 말이냐, 아들의 손에 내가 죽다니! 나를 죽인다는데 살려 둘 수도 없고, 그렇다고 아들을 죽일 수도 없고 이것이 문제로다.'

왕은 자신을 해칠 아들을 키울 것이냐, 죽일 것이냐를 두고 몇날 며칠을 망설이다가 차마 직접 죽이지는 못하고 양치기를 불러 말했어요.

"내가 아이의 발목을 단단히 묶어 놓았다. 너는 이 아이를 나무에 걸어 놓고 오너라."

나무에서 내려지는 오이디푸스

라이오스 왕의 명령을 받은 양치기는 어린 오이디푸스를 나무에 매달아 놓고 떠났다. 이를 발견한 농부가 오이디푸스를 나무에서 내리고 있다. 프랑수아 밀레의 작품이다.

양치기는 내키지 않았지만 어쩔 수 없이 시키는 대로 했어요. 마침 지나가던 한 농부가 아이를 발견했어요.

"아니, 누가 여기다 갓난아이를 나무에 매달아 놓았지!"

아이를 발견한 농부는 첫눈에 보통 아이가 아니라고 여겼어요. 그래서 갓난아이를 거두어 코린토스의 왕 폴리보스에게 자초지종을 말하고 갖다 바쳤어요. 아이를 본 왕도 뭔가 예사롭지 않은 기운을 느꼈어요. 마침 아들이 없었던 왕은 아이를 양자로 삼았어요.

"보통 아이가 아닌 것이 틀림없다. 그렇다면 내 아들이 될 자격이 충분히 있어."

이름을 어떻게 지을까 고민하던 왕의 눈에 통통 부어 있는 아이의 발이 눈에 들어왔어요. 왕은 아이의 이름을 부어 있는 발이라는 뜻의 '오이디푸스'라고 지었어요.

오이디푸스는 코린토스의 폴리보스 왕과 멜로페 왕비 밑에서 씩씩한 청년으로 자라났지요. 그리고 여전히 이들 두 사람을 친부모로 알고 있었어요. 그러던 어느 날 오이디푸스는 델포이의 신전에서 장차 아버지를 죽이고 어머니와 잠자리를 같이 하게 될 것이라는 신의 응답을 받았어요. 오이디푸스의 충격은 이만저만이 아니었어요.

"내가 영원히 이곳을 떠나면 이런 비극은 절대 일어나지 않겠지."

너무나 놀란 오이디푸스는 이를 피하기 위해 영원히 코린토스를 떠나기로 했어요. 오이디푸스는 코리토스의 정반대 쪽인 테베로 머나먼 방랑의 길을 떠났어요.

오이디푸스는 테베로 가던 도중 이륜마차 한 대가 겨우 지나갈 정도의 좁은 길목에서 마차를 타고 가는 일행과 마주치게 되었어요. 마부가 길을 비키라고 소리쳤지만, 왕자로서 자존심이 강했던 오이디푸스는 마부의 태도가 마음에 들지 않아서 이를 거절했어요. 그러자 이번에는 마차 안의 노인이 심한 욕설을 퍼부으면서 한바탕 소란이 일었어요. 심한 모욕감을 느낀 오이디푸스는 참지 못하고 마차를 뒤쫓아갔어요. 그

어머니와 결혼한 오이디푸스

오이디푸스와 스핑크스

오이디푸스가 스핑크스의 수수께끼에 도전하고 있는 장면이다. 한쪽 다리를 바위에 올리고 있는 모습에서 오이디푸스의 자신감을 엿볼 수 있다. 도미니크 앵그르의 작품이다.

리고 그 일행들과 싸움을 벌였고 도망친 하인 한 사람을 제외하고 일행들을 모두 죽여 버렸어요. 그런데 그 노인이 바로 라이오스 왕이었어요. 오이디푸스의 친아버지 말이에요. 결국 오이디푸스는 자신의 손으로 친아버지를 죽이고 만 것이지요. 물론 오이디푸스는 그 사실을 모르고 있었어요. 오이디푸스가 테베에 당도하자 그곳 사람들은 자기 나라의 왕이 죽었다고 크게 슬퍼하고 있었어요. 스핑크스라는 위험한 괴물을 없앨 신탁을 듣기 위해서 델포이의 신전으로 가던 길에 괴한에게 살해당했다는 것이에요.

스핑크스는 얼굴이 여자처럼 생겼고 몸뚱이는 사자에다 날개가 달린 괴물이었어요. 그 괴물은 테베의 길목을 지키고 있다가 지나가는 사람들에게 수수께끼를 내어 그것을 풀지 못하면 그 자리에서 잡아먹고 풀면 무사히 보내 주었어요. 하지만 아직까지 아무도 문제를 푼 사람이 없었지요. 그래서 사람들은 테베를 나갈 수도, 들어갈 수도 없게 되었어요. 장사를 할 수 없으니 성안에 남겨진 양식도 바닥이 나서 굶주림에 시달렸어요. 이런 상황에다 그만 왕까지 죽고 말았으니 테베 사람들의 절망은 이만저만이 아니었어요. 이제 모든 책임은 왕비 이오카스테에게 넘어왔어요.

오이디푸스 콤플렉스

정신분석학자 프로이트는 그리스로마 신화의 오이디푸스 이야기에 착안하여, 3~6살까지의 남자아이가 어머니의 사랑을 독차지하기 위해 아버지를 경쟁 상대로 생각하고 적대시하는 심리 현상을 '오이디푸스 콤플렉스'라고 이름 지었어요.

'아, 어떻게 이 난국을 풀어 나갈 것인가!'

왕비는 눈앞에 닥친 문제 때문에 왕의 죽음을 슬퍼할 겨를도 없었어요.

'그래, 이 방법밖에 없어.'

왕비는 스핑크스를 없애 주는 사람에게 왕의 자리를 물려주고 그와 결혼하겠다고 선포했어요.

그때 오이디푸스는 이런 사정도 모른 채 그곳을 지나다 스핑크스를 만나게 되었어요. 스핑크스가 씩 웃으면서 수수께끼를 내었어요. 오이디푸스도 질세라 웃어 주었지요.

"아침에는 네발로 걷고, 낮엔 두 발로 걷고, 저녁 무렵에는 세 발로 걷는 동물은 무엇이냐?"

오이디푸스는 한 치의 망설임도 없이 바로 대답했어요.

"그것은 인간이다. 어릴 때는 두 손과 두 발로 기어 다니고, 자라서는 두 발로 걸어 다니며, 늙으면 지팡이를 짚어서 세 발로 걸어 다니게 되니까 정답은 바로 인간이다."

스핑크스는 오이디푸스가 바로 수수께끼를 풀자 그만 참을 수 없는 굴욕감을 느끼고 바위에 몸을 던져 죽어 버렸어요. 무시무시한 스핑크스를 오이디푸스가 해치웠다는 소문이 삽시간에 온 나라에 퍼졌고 테베의 사람들은 만세를 불렀어요.

"오이디푸스는 왕이 될 자격이 충분해!"

사람들은 약속대로 왕이 될 오이디푸스를 환영했어요. 그리고 왕비 이오카스테는 약속대로 오이디푸스와 결혼했고 자식까지 낳았어요. 오이디푸스는 참 행복했어요. 한 나라의 왕이 되었으니, 이제 자기 나라로 돌아가지만 않는다면 자신의 비극적 운명을 영원히 피할 수 있다고 생각했지요. 하지만 신의 응답대로 오이디푸스의 비극은 이미 실현이 되고 말았어요. 세상에 비밀은 없는 법이지요. 나중에 모든 사실이 밝혀지고 만 거예요.

"뭐라고, 그때 그 사건으로 죽은 사람이 나의 아버지라고? 그

오이디푸스와 안티고네

딸 안티고네가 아버지 오이디푸스의 무릎에 기대 흐느끼고 있는 장면이다. 페테르 크라프트의 작품이다.

> **엘렉트라 콤플렉스**
>
> 역시 정신분석학자 프로이트가 그리스로마 신화의 엘렉트라 이야기에 착안하여 만든 정신분석학 용어예요. 여자아이가 3~5세 때 남자에 대한 동경심이 생기면서, 자신을 남자로 낳지 않은 어머니에게 증오심이 생긴다고 해요. 이것을 바로 '엘렉트라 콤플렉스'라고 하지요.
> 엘렉트라는 아가멤논 왕의 딸이에요. 그녀의 아버지 아가멤논은 10년 동안의 트로이 전쟁을 마치고 고국에 돌아오지만 자신의 아내와 아내의 남자친구에게 죽임을 당해요. 뒤늦게 이 사실을 안 엘렉트라는 동생과 힘을 합쳐 어머니와 어머니의 남자친구에게 똑같은 복수를 해요.

러면 내가 결혼한 사람은 누구란 말이냐! 코린토스의 부모님은 친부모가 아니라니!"

오이디푸스는 가슴이 터질 듯 괴로웠어요. 그러나 이미 엎질러진 물이었지요. 자기도 모르는 사이에 아버지를 죽이고 어머니와 결혼하여 자식까지 낳았던 것이에요.

괴로워하다가 정신을 차린 오이디푸스는 아내이자 어머니가 걱정되어 찾기 시작했어요. 하지만 이오카스테는 이미 자살한 뒤였어요. 오이디푸스도 당장 따라 죽으려고 했지요. 하지만 목숨을 끊는 것으로 대신하기에는 자신의 죄가 너무 무겁다는 생각이 들었어요.

"죽음조차도 내 죄에 비하면 너무 가볍다."

그래서 오이디푸스는 스스로 눈을 멀게 하고 자신의 죄를 속죄하기 위해 어머니와의 사이에서 낳은 딸 안티고네의 도움을 받으며 참회의 길을 떠났어요.

아테네에 도착한 오이디푸스는 복수의 여신들 에리니에스 사당에서 지난날의 죄를 씻으며 평생을 보냈어요. 그 죄 씻음이 얼마나 숭고했던지 죽어서는 신들과 같은 대우를 받았다고 해요.

자기 얼굴에 반해 버린 나르키소스

　나르키소스의 어머니 레이리오페는 나르키소스를 낳자 예언자 테이레시를 찾아갔어요. 그리고 아들이 얼마나 오래 살 수 있는지 물었어요.
　"우리 아들이 아무 탈 없이 잘 살겠습니까?"
　테베의 예언자 테이레시는 한참을 망설이더니 이렇게 말했어요.
　"자기 자신을 보지 않는다면 아무 탈 없이 아주 오래 살 것입니다."
　나르키소스의 어머니는 그 뜻을 단번에 알아차렸어요.
　"절대로 내 아들이 자기 얼굴을 보지 않도록 하여야 한다. 알겠느냐!"
　레이리오페는 사람들을 시켜 아들이 절대 거울을 보지 못하도록 했어요. 혹시 나르키소스가 연못에라도 나가면 요정이

영어가 된 신화 이야기

메아리만 남아서 남의 목소리만 따라하게 된 에코(echo) 요정의 이름은 영어로 메아리란 뜻의 에코(echo)란 말이 되었어요. 이렇게 신화 속 많은 말들이 영어 단어가 된 경우가 아주 많아요.
음악(music)이나 미술관(museum) 역시 예술의 여신들인 무사의 영어 이름 뮤즈(muse)에서 따온 것이에요. 영어로 정의(justice)란 뜻은 정의의 여신 유스티티아(Justitia)에서 나온 말이에요. 영어로 혼돈, 혼란을 뜻하는 카오스(chaos)도 원래는 그리스로마 신화의 신 이름이에요. 그리고 영어로 꽃을 플라워(flower)라 하는데 이 말도 꽃의 여신 플로라(flora)의 이름에서 나온 말이지요. 이처럼 영어 단어 속에는 그리스로마 신화를 어원으로 하는 말들이 아주 많아요.

연못에 물결을 일으켜 얼굴이 비치지 않도록 했어요. 그렇게 해서 나르키소스는 자라면서 자신의 얼굴을 한 번도 볼 수 없었지요. 그래서 나르키소스는 자신이 얼마나 잘생겼는지 알지도 못했어요. 하지만 그의 빼어난 미모에 숱한 처녀들과 요정들이 나르키소스에게 사랑을 고백했어요. 하지만 나르키소스는 번번이 매몰차게 그들의 사랑을 거절하였지요.

그러던 어느 날 나르키소스는 친구들과 숲 속으로 사냥을 나갔어요. 숲의 요정 에코도 이 아름다운 미소년을 보게 되있어요. 에코는 나르키소스를 보자마자 그 미모에 반해 불같은 사랑에 빠지고 말았어요. 하지만 에코는 말을 할 줄 몰랐어요. 원래는 굉장한 수다쟁이였던 에코는 헤라 여신의 미움을 받아서 그렇게 되고 말았지요.

어느 날, 헤라 여신은 바람 피우는 남편을 찾아 나섰어요. 그러다가 요정 에코를 만났어요. 에코는 평소 습관대로 수다를 떨기 시작했어요. 에코의 수다 때문에 헤라는 그만 시간을 지체해서 제우스를 놓치고 말았지요. 그래서 화가 잔뜩 났어요.

나르키소스와 에코가 있는 풍경

숲을 배경으로 나르키소스와 에코가 그려져 있다. 호수에 비친 자신의 얼굴을 바라보고 있는 이는 나르키소스이다. 클로드 로랭의 작품이다.

"이제 다시는 세 치 혀로 말을 할 수 없다. 네가 할 수 있는 것은 오직 말대답뿐일 것이다!"

이때부터 에코는 남의 말을 따라하는 메아리가 되고 만 거예요.

나르키소스는 여러 친구들과 어울려 숲 속에서 아주 즐겁게 한참을 놀았어요. 정신없이 놀다 보니 그만 친구들을 놓치고 말았어요. 그래서 나르키소스는 친구들을 찾기 시작했어요.

"어디 있니? 얘들아!"

자기 얼굴에 반해 버린 나르키소스

나르키소스가 외치면 에코도 따라서 '어디 있니, 애들아'를 따라했고 '이리 와서 함께 가자' 하면 '이리 와서 함께 가자'를 따라했지요. 이렇게 에코는 나르키소스의 말을 따라 하면서 한 발씩 가까이 다가갔어요. 그러다 참지 못한 에코는 몰래 뒤로 다가가 나르키소스를 와락 껴안고 말았어요. 나르키소스는 에코가 난데없이 자신을 끌어안자 깜짝 놀랐어요.

"뭐야, 어디다 손을 대는 거야? 당장 이 손 치우지 못해?"

나르키소스는 매몰차게 에코의 손을 뿌리치고 친구들을 찾아 뛰어갔어요. 나르키소스의 갑작스런 반응에 에코도 놀라기는 마찬가지였어요. 에코는 부끄러워 얼굴이 빨개진 채 동굴로 달아나 숨었어요. 그리고 동굴 속에서 거절당한 사랑에 고통스러워하며 점점 야위어 갔어요. 그러다 마침내 형체가 사라지고 오로지 남의 말만 따라 하는 목소리만 남게 되었어요. 에코의 거절당한 사랑은 나중에 증오로 변하고 말았어요. 그래서 소원을 빌었지요.

"신이시여, 나르키소스도 저와 똑같은 고통을 겪게 해 주세요. 그래야 자신의 잘못을 깨달을 수 있을 거예요."

이 모습을 내려다보던 복수의 여신 네메시스가 그 소원을 들어주기로 했어요.

"그래, 내가 너의 소원을 들어주마. 나르키소스도 너와 똑같은 고통으로 괴로워하다 숨을 거둘 것이다."

나르키소스

나르키소스가 물에 비친 자신의 얼굴을 바라보고 있다. 그는 물에 비친 것이 자신의 얼굴이라는 사실을 전혀 모르고 있다. 카라바조의 작품이다.

나르시시즘과 수선화

나르시시즘은 우리말로 자신을 사랑하는 '자기애'를 말해요. 이 말이 널리 알려진 것은 정신분석학자 프로이트가 정신분석 용어로 사용하면서부터예요. 자신의 외모나 능력 같은 것들에 대해 주관적 이유를 들어 지나치게 뛰어나다고 믿으면서 거기서 헤어나지 못하는 자기중심적인 생각이나 상태를 신화 속의 나르키소스의 예를 들어 표현한 말이에요. 수선화를 영어로 나르시서스(narcissus)라고 하지요. 이 역시 어원은 나르키소스에서 온 것이에요. 그리고 꽃말은 바로 나르시시즘 즉 '자기애'지요.

그날도 나르키소스는 사냥을 하러 갔어요. 사냥 중에 목이 말라 물을 먹으러 샘으로 갔어요. 보통 때 같으면 샘은 나르키소스가 자신의 얼굴을 보지 못하도록 심하게 물결이 일었을 거예요. 하지만 네메시스가 그렇게 못하도록 하였지요. 물을 먹으려고 몸을 구부리던 나르키소스는 수면에 비친 자신의 모습을 보았어요. 태어나서 처음 보는 자신의 모습이었지요. 자신의 모습을 난생 처음 보니 그것이 자신인 줄 몰랐어요. 너무나 아름다운 모습에 넋을 잃은 나르키소스는 그만 자기 자신에게 한눈에 반하고 말았어요. 그래서 물속에 비친 사람을 안으려고 팔을 물속에 담그면 물결이 일어 사라지고, 물속에서 팔을 빼면 다시 나타났어요. 그러다 보니 한순간도 그 자리를 뜨지 못하고 애만 태우던 나르키소스는 결국 그 자리에서 죽고 말았어요. 얼마나 애태웠던지 그가 죽은 자리에는 풀 한 포기 없었어요. 대신 자줏빛이 돌고 가장자리는 하얀 색깔을 가진 꽃 한 송이가 피어났어요. 그 꽃 이름이 바로 나르시서스, 우리말로는 수선화예요.

신들의 미움을 받은 시시포스

　코린토스의 왕 시시포스는 바람의 신인 아이올리스와 그리스인의 시조인 헬렌 사이에서 태어났어요. 시시포스는 인간 중에서 가장 현명하고 영리한 사람이었어요. 신의 일이라도 타당하지 않거나 정당하지 않으면 즉시 끼어들어 바로잡으려고 했지요. 그래서 신들의 미움을 샀어요.

　도둑질을 잘하기로 소문난 전령의 신 헤르메스는 자신의 이복형인 아폴론의 소를 훔치고는 시치미를 뚝 떼고 있었어요.

　이런 헤르메스의 완전 범죄에 가까운 도둑질을 망쳐놓은 것이 바로 시시포스였어요. 아폴론이 자신의 소를 찾아 헤매고 다니자 헤르메스가 훔친 것을 알고 있던 시시포스는 참지 못하고 범인이 누구인지를 아폴론에게 일러바쳤어요. 범인이 누구인지 알게 된 아폴론은 헤르메스를 찾아갔어요. 하지만 헤

아폴론과 헤르메스의 풍경

헤르메스가 아폴론 몰래 소를 훔치려고 하는 모습이 자연 풍경과 함께 그려져 있다. 클로드 로랭의 작품이다.

르메스는 끝까지 잡아뗐어요. 결국 아폴론은 헤르메스의 도둑질을 제우스 신에게 고발하게 되었어요. 제우스까지 알게 되자 헤르메스는 어쩔 수 없이 소를 훔쳐 간 것이 자신이라고 사실대로 털어놓을 수밖에 없었어요. 이 일이 발단이 되어 헤르메스와 제우스는 시시포스를 싫어하게 되었어요. 신들의 일에 인간이 끼어들었기 때문이에요.

이렇게 눈밖에 나있던 시시포스는 더욱 결정적인 괘씸죄를 저지르게 되었어요.

어느 날이었어요. 시시포스는 우연히 제우스가 독수리로 변신하여 요정 아이기나를 납치하는 현장을 목격했어요. 그는 당장 아이기나의 아버지인 강의 신 아소포스를 찾아갔어요. 아소포스는 갑자기 사라져 버린 딸 때문에 매우 근심어린 얼굴이었지요.

"따님을 잃어버리고 걱정이 크시겠습니다. 사실은 제가 따님이 어디에 있는지 알고 있습니다."

"뭐라고, 그게 정말인가? 내 딸이 어디 있는가? 당장 말해 보게!"

"제 부탁을 하나 들어주시면 기꺼이 알려 드리지요."

그러면서 시시포스는 이렇게 말했어요.

"지금 코린토스의 백성들이 물이 없어 괴로워하고 있습니다. 코린토스에 있는 산에 우물을 하나 만들어 주시면 따님 있는 곳을 알려 드리겠습니다."

코린토스의 왕이었던 시시포스는 물이 없어 고생하고 있는 백성들을 위해 우물을 하나 만들어 달라고 했던 것이에요. 딸을 찾는 것이 급했던 아소포스는 쉬운 일이 아니었지만 기꺼이 시시포스의 청을 들어주었어요. 소원을 이룬 시시포스는 딸을

난폭한 전쟁 신, 아레스 그리고 화성

올림포스 12신 중 하나로 로마 이름은 마르스고 영어로는 마스예요. 그의 이름은 태양계의 네 번째 행성인 화성에 붙여졌어요. 화성은 붉은 빛을 띠고 있는데, 그 모습이 불길하게 보여 전쟁이나 재앙을 떠올리게 했다고 해요. 그래서 전쟁의 신인 아레스의 이름을 붙인 것이겠지요. 성질은 사나웠지만 잘생긴 외모의 그는 아프로디테 여신의 애인이 되었어요. 아테나 역시 전쟁의 여신이지만, 둘 사이엔 많은 차이가 있어요. 아테나 여신이 지혜로운 전술을 사용한다면, 아레스는 전투에서 난폭하고 잔인한 전술을 사용하지요. 그래서 두 신들은 사이가 좋지 않았어요. 호메로스의 『일리아스』를 보면 아테나가 아레스의 배를 찔러 전쟁터에서 도망치게 하는 장면도 나오지요. 제우스는 난폭한 아레스보다 지혜로운 아테나를 아꼈다고 해요.

누가, 어디로 데려갔는지 알려 주었어요. 아소포스는 시시포스 덕분에 무사히 딸 아이기나를 구출해 내었어요. 가뜩이나 미움을 받고 있던 시시포스는 이 일로 제우스의 노여움을 사게 되었어요. 제우스는 자신의 행동을 일러바친 시시포스가 못마땅해 견딜 수 없었어요. 그래서 죽음의 신 타나토스를 불러 시시포스를 잡아 저승에 끌고 가라고 명령했어요. 제우스가 자신에게 보복할 것이라는 사실을 알고 미리 대비를 해둔 시시포스는 타나토스가 나타나자마자 쇠사슬로 꽁꽁 묶어 감옥에 가두어 버렸어요.

"뭐, 타나토스가 갇혀 있다고?"

그러자 이번에는 저승의 왕인 하데스가 당황하고 말았어요. 죽음의 신인 타나토스가 묶여 있으니 죽는 사람이 한 명도 없었던 거예요. 하데스의 이야기를 들은 제우스는 화를 참을 수가 없었어요.

"아레스, 네가 가서 타나토스를 구해 오도록 해라. 그리고 그 괘씸한 시시포스를 지옥에 가두어 버려라!"

제우스의 명령을 받은 전쟁의 신 아레스는 시시포스를 잡으러 떠났어요. 아레스가 자신을 잡으러 온다는 소식을 들은 시시포스는 아내 메로페를 불러 말했어요.

"잠시 후 아레스 신이 나를 지옥에 가두러 올 것이오. 아레스가 나의 영혼을 거두어 가면, 내 몸을 광장에 아무렇게나 버려두시오. 절대 장례를 치르면 안 되오. 그것이 나를 살리는 길이오."

그 말이 끝나자마자, 아레스가 모습을 드러냈어요. 더는 반항할 수가 없었던 시시포스는 아레스가 시키는 대로 타나토스를 풀어 준 뒤 순순히 저승으로 끌려갔어요. 영혼이 떠나간 시시포스의 육신은 죽은 상태가 되었어요. 메로페는 시시포스의 말대로 남편의 시신을 그대로 광장에 내버려 두었어요.

저승에 내려간 시시포스는 하데스 신과 그의 아내인 페르세포네 왕비를 만나게 되었어요. 무릎을 꿇은 시시포스가 눈물을 흘리며 말했어요.

"신이시여, 제 아내는 저의 시신을 광장에 함부로 내다 버리고 장례도 치러 주지 않았습니다. 코린토스의 왕이었던 제가 이제는 싸늘한 시신이 되어 광장 한구석에서 차가운 바람을 맞고 있으니, 이를 어찌하면 좋습니까!"

> **하데스와 명왕성**
>
> 하데스는 지하 세계를 지배하는 올림포스의 신이에요. 로마 신화에서는 플루토라고 불러요. 제우스는 하늘, 포세이돈은 바다, 하데스는 지하를 다스리고 있어요.
> 1930년에 발견된 명왕성의 이름 플루토는 하데스에게서 따온 것이에요. 태양계의 9번째 행성이었던 명왕성은 행성의 조건을 갖추지 못하여 2006년 행성의 지위를 박탈당하고, 왜소행성으로 분류되었어요. 그러면서 '134340'이란 번호를 받아, 공식 명칭이 '134340 플루토'가 되었어요.

신들의 미움을 받은 시시포스

아레스

전쟁의 신 아레스가 휴식을 취하고 있다. 잔인하고 난폭한 성격의 아레스답지 않게 잔뜩 지친 얼굴이다. 디에고 벨라스케스의 작품이다.

흐느끼는 시시포스를 본 페르세포네는 마음이 약해졌어요. 그래서 시시포스를 지상으로 보내 장례를 치르고 오도록 해 주었어요. 이렇게 해서 다시 지상으로 올라온 시시포스는 광장에 있던 자신의 육신을 되찾았어요. 살아난 시시포스는 약속을 어기고 저승으로 돌아가지 않았어요. 하지만 결국 헤르메스 신에 의해 다시 저승으로 끌려가고 말았지요.

"너는 신에게 도전한 벌로 저 바위를 꼭대기에 올려놓도록 하라."

저승으로 끌려간 시시포스는 커다란 바위를 산꼭대기까지 굴려 올리는 벌을 받게 되었어요. 그는 바위가 항상 산꼭대기에 놓여 있도록 해야 했어요. 그런데 바위를 힘겹게 꼭대기까지 밀어 올리면, 그 무게 때문에 다시 굴러 떨어져 버렸어요. 결국 시시포스는 영원히 돌을 밀어 올리게 된 거예요.

알베르토 카뮈의 「시시포스의 신화」

시시포스는 신들에게 교만하게 굴었다는 이유로 바위를 굴리는 벌을 받았어요. 하지만 다르게 생각해 보면 이는 신들의 일방적 권위를 인정하지 않고 도전했다는 의미가 함께 있어요. 그래서 시시포스를 인간 정신에 비유하기도 해요. '시시포스의 바위'는 끝없는 고통을 뜻하는 말이기도 하지만, 불가능한 일에 좌절하지 않고 끝까지 도전하는 인간의 도전 정신을 상징적으로 나타낼 때 사용하기도 하지요. 프랑스의 소설가이자 극작가인 알베르토 카뮈는 시시포스에 관해 「시시포스의 신화」라는 에세이를 남겼어요. 그는 이 에세이에서 시시포스를 부조리에 도전하는 영웅이며 운명에 맞서는 거인이라고 말하고 있어요. 다시 굴러 떨어질 것을 알면서도 바위를 굴려 올리는 그 행동 자체를 바로 도전이라 보는 것이지요.

메두사의 목을 자른 페르세우스

아르고스의 왕 아크리시오스는 어느 날 손자의 손에 자신이 죽게 된다는 예언을 들었어요. 왕은 이 예언이 두려워 자신의 운명을 피하기 위해 고민하고 고민했지요. 그래서 나라 안에 제일 용하다는 예언자를 찾아가 방법을 찾기로 했어요.

"지금 왕에게 손자를 안길 분은 잘 아시다시피 다나에 공주한 사람 밖에 없습니다. 다나에 공주가 아이를 낳지 않는다면 손자도 없으니 당연히 그 손에 죽을 일도 없을 것입니다."

예언자의 말을 듣고 한참을 망설이다가 왕은 결심을 했어요. 그래서 부하들을 시켜 사랑하는 딸을 지하실에 가두게 했어요. 컴컴한 지하실에 갇힌 다나에는 슬픔으로 세월을 보내면서 죽을 날만 기다렸어요.

"아, 나는 언제쯤 저 밝은 빛으로 나가게 될 수 있을까! 아마

영원히 없을 지도 몰라. 이 안에 갇혀서 평생을 보내다가 결국 죽고 말겠지."

 이렇게 다나에는 눈물과 한숨을 쏟으면서 점점 야위어 갔어요. 얼마나 시간이 흘렀을까. 다나에의 울음소리는 결국 제우스의 귀에까지 들리게 되었어요. 제우스는 그 울음소리가 너무나 간절하게 들려 울음소리의 사연이 궁금해졌어요. 그래서 그 처녀를 만나보기로 했어요. 하지만 처녀가 갇힌 곳은 깊고 깊은 지하였고 철문으로 굳게 닫혀 있었어요. 신들의 왕 제우스라도 뚫고 들어가기가 쉽지 않았어요.

 '음, 어떻게 저 철문을 뚫고 들어갈 수 있을까! 옳지, 황금 비로 변하면 지하실의 두꺼운 철문 안으로 문제없이 새어 들어갈 수 있겠군.'

 황금 비가 되어 지하실로 스며든 제우스는 어두컴컴한 곳에서 어깨를 들썩이며 울고 있는 다나에를 보았어요. 제우스가 바라본 다나에의 모습은 정말로 아름다워 단숨에 제우스의 마음을 흔들어 놓고 말았어요.

 "아니, 이렇게 아름다운 여인을 어찌 가두어 놓을 수 있단 말인가!"

 순간 제우스는 다나에의 아버지 아크리시오스 왕에게 화가 치밀었어요. 그래서 다나에를 도와주기로 결심했어요. 제우스가 황금 비로 다나에의 방에서 하룻밤을 보내고 돌아간 얼마

다나에

제우스가 황금 비로 변해서 다나에를 유혹하고 있다. 오른쪽에 있는 날개 달린 소년은 사랑의 신 에로스로 베첼리오 티치아노의 작품이다.

후에 다나에는 사내아이를 낳았어요. 제우스는 이 아이의 이름을 페르세우스라고 지었어요.

아크리시오스 왕은 다나에가 아이를 낳았다는 소식을 듣고 두려움과 분노에 휩싸였어요. 그래서 이번에는 딸과 손자를 궤짝에 넣어서 바다에 버렸어요. 바다에 던져진 궤짝은 파도에 실려 세리포스 섬에 닿았어요. 세리포스 섬의 왕 폴리덱테스는 우연히 바닷가에서 궤짝을 발견하고 혹시 보물 상자일까봐 얼른 주워 올렸지요. 하지만 상자에서 나온 것은 보물이 아니라 아름다운 여인과 사내아이였어요. 폴리덱테스 왕은 다나에의 미모에 반해 그녀와 결혼하고 페르세우스도 함께 잘 키웠어요.

페르세우스는 역시 제우스의 아들답게 늠름하게 자랐어요. 그 나라에서 가장 말을 잘 탈 뿐 아니라 창도 가장 잘 던지는 청년이 되었어요. 멋진 페르세우스의 명성은 점점 의붓아버지 폴리덱테스 왕을 능가할 만큼이 되었고 페르세우스가 곧 왕이 될 것이란 소문까지 돌았지요.

그러자 페르세우스에 대한 질투심과 자신의 자리가 위태롭다고 느낀 폴리덱테스는 이제 페르세우스를 없애야겠다고 마음먹었어요.

"페르세우스, 이 세상에서 가장 훌륭한 영웅이 되려면 메두사의 목을 잘라야 한다. 이때까지 많은 사람이 도전했지만 메

메두사

페르세우스는 메두사의 머리를 잘라 자신을 도와준 아테나 여신에게 바쳤다. 아테나는 방패에 메두사의 머리를 붙여 더 강한 방패로 만들었다. 카라바조의 작품이다.

두사의 목을 자르는 데는 아무도 성공하지 못했다."

"아버지, 메두사가 누군데요? 제가 반드시 성공하겠습니다."

"메두사는 고르고라는 세 자매 중 하나인데 어깨에 날개가 달린데다 머리카락은 온통 뱀으로 되어 있는 아주 무서운 괴물이다. 그리고 메두사의 얼굴을 쳐다보는 사람은 누구나 바로 돌로 변한다. 그래서 이때까지 아무도 성공하지 못했다."

"아버지, 제가 반드시 성공하겠습니다. 걱정하지 마십시오. 지금 이 길로 당장 떠나겠습니다."

"알겠다. 과연 용맹한 내 아들이구나."

용감한 청년 페르세우스는 그 길로 메두사를 처치하러 길을 떠났어요. 메두사가 있는 곳을 향해 길을 떠난 페르세우스는 날이 어두워지자 숲 속 동굴에서 하룻밤을 쉬기로 했어요.

이때 지혜와 전쟁의 여신 아테나가 페르세우스 앞에 나타났어요.

"페르세우스, 내가 너의 용맹함에 감동을 받아 조심해야 할 것을 미리 알려 주겠다."

페르세우스는 아테나 여신에게 감사를 표시하고 도움을 청했어요.

"절대 메두사를 쳐다보아선 안 된다. 너는 내가 거울처럼 빛나는 방패를 주겠다. 그러니 거울 속에 비친 메두사를 보고 목을 쳐야 한다. 그리고 요정들에게 날개 달린 신발과 요술 자루, 그리고 모습이 감춰지는 투구를 얻어야 한다."

페르세우스는 아테나가 시키는 대로 요정을 찾아가 날개 달린 신발과 요술 자루, 모습이 감춰지는 투구를 얻었어요. 그리고 날개 달린 신발을 신고 하늘로 날아올랐지요.

얼마나 날아갔을까, 방패에 고르고 세 자매가 비쳤어요.

"가운데가 메두사다. 바로 쳐라."

아테나가 일러 주었어요. 페르세우스는 방패를 보고 가운데 메두사를 향해 칼을 뺐어요. 페르세우스는 메두사의 머리를 단숨에 내리치고 재빨리 자루에 넣은 뒤 자신의 모습을 감

> **메두사 효과**
>
> 아테나는 페르세우스가 처단한 메두사의 머리를 자신의 방패에 달았어요. 이런 무시무시한 메두사의 머리를 보게 되면 누구든지 바로 겁을 먹고 공포에 질리게 되지요. 그래서 '메두사 효과'란 상대가 너무 무서워 지레 겁을 먹고 뭔가를 해보지도 않고 도망가게 하는 것을 말해요. 무슨 일이든지 상대에게 기가 꺾이면 제대로 싸워보지도 못하고 지게 되지요. 하지만 겉모습만 보고 포기했다면 결코 용맹한 페르세우스는 있을 수 없었겠지요. 그래서 아무리 어렵고 힘든 일이 있더라도 해보지도 않고 미리 포기하는 것은 비겁한 행동이라고 할 수 있지요.

페르세우스의 복수

페르세우스가 꺼낸 메두사의 머리를 본 사람들이 돌이 되고 있다. 페르세우스의 곁에는 아테나 여신이 그를 지켜 주고 있다. 마르크 나티에르의 작품이다.

춰 주는 투구를 썼어요. 그러자 고르고 자매가 동생을 죽인 사람을 아무리 찾으려고 해도 보이지 않았어요.

메두사의 목을 자루에 담은 페르세우스는 쉬지 않고 아버지에게 달려갔어요. 하지만 그 길은 너무 멀고도 험했어요.

몇 번의 어려운 고비를 넘긴 페르세우스는 드디어 아버지 앞에 도착했어요.

"아버지, 제가 드디어 메두사의 목을 벴습니다. 하지만 자루에서 꺼내 보여 드릴 수 없어 안타깝습니다."

페르세우스의 등장에 위기감을 느낀 폴리덱테스 왕은 이성을 잃고 말았지요.

"내가 왜 못 보느냐, 어서 꺼내라. 네놈이 거짓말하는 것이 틀림없다."

페르세우스는 몇 번이나 자루에 든 것이 메두사의 목이고 꺼낼 수 없다고 말했어요. 하지만 의붓아버지 폴리덱테스는 페르세우스가 메두사의 목을 베지 못했기 때문에 머리를 꺼내지 못하는 것이라고 여러 사람들 앞에서 계속 망신을 주었어요. 하는 수 없이 페르세우스가 메두사의 목을 꺼내자마자 폴리덱테스는 그 자리에서 바로 돌로 변하고 말았어요.

폴리덱테스가 죽자 사람들은 페르세우스를 왕으로 추대했어요. 왕위에 오른 페르세우스는 나라를 훌륭하게 다스렸어요.

그러던 어느 날 페르세우스는 이웃 나라의 초대를 받고 원반던지기 시합에 나갔어요. 페르세우스는 있는 힘을 다해 원반을 던졌고 원반은 관중 속으로 날아가 어느 노인 머리 위에 떨어지고 말았어요. 그 노인은 바로 그 자리에서 죽고 말았어요. 그런데 원반에 맞은 노인은 바로 어머니 다나에의 아버지이자 페르세우스의 외할아버지인 아크리시오스 왕이었지요. 그는 신의 예언이 두려워 몰래 궁전을 떠나 혼자 떠돌다가 이곳까지 왔지만 결국은 예언대로 되고 말았어요.

헤라클레스와 두 여인

영웅 헤라클레스는 제우스 신과 인간 여인인 알크메네 사이에서 태어났어요. 그래서인지 그는 어릴 때부터 아주 힘이 셌어요. 헤라클레스라는 이름은 '헤라의 영광'이라는 뜻이에요. 하지만 정작 헤라 여신은 그를 매우 미워했어요. 남편인 제우스가 바람을 피워 낳은 자식이니 그럴 만도 했지요.

어느 날 길을 걷던 헤라클레스의 앞에 아름다운 두 명의 여인이 나타났어요. 첫 번째 여인은 수수하지만 매우 단정해 보이는 차림을 하고 있었어요. 두 번째 여인은 머리부터 발끝까지 온통 화려하게 치장했지요. 화려한 두 번째 여인이 먼저 헤라클레스에게 말했어요.

"헤라클레스, 당신은 아주 젊어요. 그리고 이제 막 인생의 시작점에 있어요. 뭐든지 첫 출발이 중요하지요. 지금 당신이 어떤 선택을 하느냐에 따라 당신의 앞날이 달라져요. 나를 선택한다면, 당신은 아주 즐겁고 편안한 길을 갈 수 있어요. 고통 따위는 전혀 느낄 수 없지요. 매일 맛있는 음식을 먹고 달콤한 술을 마시며 보낼 수 있어요. 그저 자신에게 이득이 되는 일만 하면서 살면 된답니다."

"당신의 이름이 뭐죠?"

여자가 웃으며 대답했어요.

"내 이름은 '쾌락'이에요. 나를 싫어하는 사람들은 '악덕'이라고도 부르지만 그런 건 아무래도 상관없답니다. 사실 나를 악덕이라고 부르는 사람조차도 속으로는 나를 갖고 싶어 안달하지요."

그때 뒤에서 수수한 모습의 첫 번째 여자가 헤라클레스를 보고 입을 열었어요.

"헤라클레스, 나는 '미덕'이라고 합니다. 나와 함께 간다면, 당신은 훌륭한 업적을 남길 수 있어요. 당신은 영웅이 되고, 사람들은 그런 당신을 언제까지나 기억하겠지요. 그러나 그 길이 편안한 길은 아니라고 분명히 알려 주고 싶어요. 그 길은 때로는 너무나 힘들고 고통스러울 거예요. 좋은 결실을 얻기 위해서는 그만큼 노력해야 하는 법이니까요."

'미덕'의 말이 끝나기가 무섭게 옆에 있던 '쾌락'이 말했어요.

"고생하는 이유가 뭐예요? 다 잘 먹고 잘 살자고 하는 거 아

헤라클레스의 선택

헤라클레스가 화려하게 치장한 '쾌락' 대신 수수한 모습의 '미덕'을 택하고 있는 장면을 그린 것으로 파울로 베로네제의 작품이다.

니에요? 저와 함께하면 고생 따위 하지 않고도 잘 먹고 잘 살 수 있는데, 왜 고생을 해야 하나요? 그리고 고생해서 좋아봤자 그게 무슨 소용이지요? 고생하지 않고 좋은 것이야말로 진정 좋은 것이지요. 헤라클레스! 그러지 말고 내 손을 잡아요. 나와 함께라면 당신은 손 하나 까딱하지 않은 채 행복한 인생을 살 수 있어요."

이때 옆에 있던 '미덕'이 다시 입을 열었어요.

"헤라클레스, 아무것도 하지 않고 얻는 행복을 어찌 참된 것이라 할 수 있지요? 당신의 삶은 비록 화려하고 사치스러울지 모르지만, 늙고 초라해지면 결국 곁에 남은 이가 아무도 없다는 것을 알게 될 거예요. 향락과 사치의 종말이 얼마나 허무한지 겪어 본 사람은 모두 알지요."

두 여인의 이야기를 가만히 듣고 있던 헤라클레스가 먼저 '미덕'에게 물었어요.

"그럼, '미덕'이여, 당신의 삶은 어떻습니까?"

미덕의 여인이 대답했어요.

"땀을 흘리며 일을 하고 그 속에서 보람을 느끼며 살고 있지

헤라클레스의 선택

'헤라클레스의 선택'이라고 하면 현실에 안주하지 않고 그것이 고난의 길이라도 끊임없이 스스로를 변화시키는 길을 택하는 경우를 나타내는 말이에요. 큰일을 이루는 사람들은 바로 지금 자신의 위치에 만족하지 않고 끊임없이 자신의 길을 계속 만들어나가는 사람들이지요. 물론 그 길은 매우 고통스럽고 어떤 위험이 도사릴지 몰라 두렵기도 하지요. 하지만 이것들을 이겨 냈을 때 우리는 한 단계 더 성장할 수 있어요. 성공은 실패까지도 견뎌 낼 각오가 되어 있는 사람에게 찾아오는 법이랍니다.

요. 이렇게 살면 늙고 초라해져도 사람들은 당신의 곁을 떠나지 않을 거예요. 놀고 마시기 위해 모인 것이 아니라 존경하고 존경받기 위해 모인 사람들이니까요. 나와 함께라면 당신은 진정으로 행복할 수 있어요. 그것은 당신이 행복해지기 위해 열심히 노력했기 때문이에요."

'미덕'의 말이 끝나자 헤라클레스의 눈빛이 강하게 빛났어요. '쾌락'은 그 눈빛을 보고 헤라클레스의 선택을 직감했어요. 그래서 '쾌락'은 헤라클레스의 선택을 자신에게 돌려놓기 위해 향기가 나는 곱고 아름다운 손을 뻗어 헤라클레스를 잡아끌려고 했어요. 헤라클레스는 과감히 그 아름다운 유혹의 손을 뿌리치고 '미덕'의 손을 잡았어요. 결국 헤라클레스는 자신의 선택대로 이루 말할 수 없는 고통을 겪고, 열두 가지 과업을 완수하며 파란만장한 삶을 살았어요. 하지만 그는 영원히 영웅으로 남게 되었지요.

헤라클레스의 열두 과업

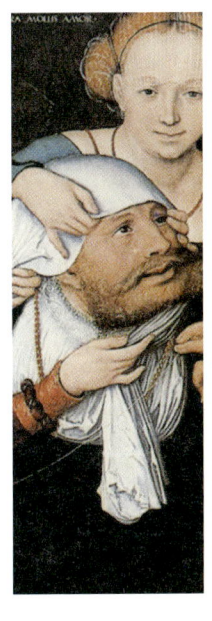

헤라클레스는 제우스가 바람을 피워 태어난 아이였기 때문에 헤라의 미움을 받을 수밖에 없었어요. 제우스가 바람을 피워 낳은 아이들 중 헤라가 헤라클레스를 유독 더 미워했던 이유는 헤라클레스가 어느 누구보다 뛰어난 자식이었기 때문이에요. 제우스가 자신을 닮은 가장 뛰어난 영웅을 낳기 위해 작정하고 선택한 사람이 알크메네였고, 그의 생각대로 헤라클레스는 제우스의 능력을 제대로 물려받아 초인적인 힘과 다양한 싸움 기술과 지혜를 지니고 태어났어요. 하지만 성질이 급하고 화가 나면 자신의 힘을 조절할 줄 모르는 단점도 있었지요.

헤라는 갓난아기인 헤라클레스를 죽이려고 독사를 보냈지만 겨우 8개월 된 아기 헤라클레스는 맨손으로 독사를 목 졸라 죽였어요. 그 후 온갖 방법으로 헤라클레스를 죽이려고 했지만 죽일 수 없었어요. 무사히 청년이 된 헤라클레스는 메가라라는 여인과 결혼해서 세 명의 자식을 얻어 행복하게 살고 있었어요. 하지만 헤라 여신이 이것을 가만히 두고 볼 리가 없었지요. 어떻게 하면 헤라클레스를 가장 고통스럽게 만들까 고민하던 헤라는 헤라클레스에게 광기를 불어 넣었어요.

헤라에 의해 순간 미쳐버린 헤라클레스는 이성을 잃고 그만 자신의 자식들을 모두 죽이고 말았어요. 이윽고 제정신이 돌아

뱀을 눌러 죽이는 헤라클레스

헤라는 어린 헤라클레스를 죽이기 위해 뱀 두 마리를 보냈다. 그러나 헤라클레스는 뱀 두 마리를 가뿐하게 눌러 죽였다. 이 모습을 본 알크메네가 깜짝 놀라고 있다. 폼페오 바토니의 작품이다.

와 눈앞에 펼쳐진 처참한 광경을 목격한 헤라클레스는 정말 미쳐버릴 지경이 되었어요. 죄책감에 견딜 수 없었던 그는 아내와 헤어지고 떠돌이 생활을 떠났어요. 깊은 절망 속에서 자신의 죄를 씻기 위해 도착한 곳이 바로 아폴론의 신탁지 델포이였어요. 그곳에서 헤라클레스는 어떻게 하면 자신의 죄를 씻을 수 있는 지를 물었지요. 그러자 신의 응답은 미케나이의 왕 에우리스테우스를 섬기면서

그가 내리는 열두 가지 과업을 완수해야만 죄를 씻을 수 있다고 말했어요. 그래서 헤라클레스는 신탁에 따랐고 열두 가지 과업을 받게 되지요. 열두 가지 과업은 너무나 힘들고 어려워 헤라클레스도 목숨을 걸어야 하는 일이었어요. 그 열두 가지 과업은 다음과 같아요.

첫 번째는 네메아 계곡에 사는 사자 처치하기였어요. 이 사자는 헤라클레스가 화살을 쏴도 화살이 튕겨 나갈 정도의 강한 살갗과 힘을 가졌어요. 헤라클레스는 그 사자와 50일간의 긴 사투 끝에 사자를 죽여요. 그 후 죽은 사자의 가죽을 벗겨 몸에 걸치고 사자를 때려눕힌 곤봉을 늘 들고 다니게 되요.

두 번째는 레르네 늪의 히드라 처치하기였어요. 괴물 히드라는 머리가 아홉 개나 달린 물뱀이었어요. 특히 아무리 머리를 잘라내도 계속 머리가 자라기 때문에 처치하기가 무지 힘든 괴물이었어요. 그래서 헤라클레스는 조카를 불러 자신이 목을 베면 머리가 자라지 못하도록 바로 불로 지지도록 했지요. 그런 방법으로 하나

델포이 신전

델포이 신전은 파르나소스 산 중턱에 위치한 아폴론의 신전이에요. 사람들은 중요한 일이 있을 때마다 신전에 가서 신에게 조언을 구했어요. 그러면 신전의 무녀들이 신의 뜻을 받아 전달해 주었지요. 이렇게 신이 무녀를 통해 질문에 답하거나 뜻을 전달하는 것을 신탁이라고 해요. 특히 델포이 신전은 가장 영험하고 신통력을 지닌 곳이었어요. 그래서 많은 사람들이 델포이 신전에 가서 신탁을 들었지요. 또한 델포이 신전에는 '옴파로스'라는 이름의 돌이 있었어요. '대지의 배꼽'이라는 뜻으로, 그리스가 지구의 중심이라 믿었던 고대 그리스 사람들이 붙여 준 이름이에요. 현재 이 돌은 델포이의 박물관에 소장되어 있어요.

헤라클레스와 레르네의 히드라

영웅 헤라클레스가 레르네의 히드라를 죽이기 위해 무기를 휘두르며 싸우고 있는 장면을 묘사하고 있다. 구이도 레니의 작품이다.

씩 모두 머리를 잘라 처치했어요.

　세 번째는 케리네이아 산의 황금 뿔 사슴 생포하기였어요. 황금 뿔이 달린 사슴은 여신 아르테미스의 신성한 동물이었기 때문에 약간의 상처도 없이 사로잡았다가 놓아주는 과업이었어요. 엄청난 힘을 가진 헤라클레스였지만 힘만으로는 이 사슴을 잡을 수 없었기 때문에 무척 힘든 일이었어요. 헤라클레스는 이 사슴을 사로잡기 위해 1년이나 따라다니면서 사슴이 지쳤을 때 겨우 사로잡을 수 있었어요. 그리고 에우리스테우스 왕에게 보여 준 뒤 바로 풀어 주었어요. 그래서 이 과업도 성공을 했어요.

　네 번째는 에리만토스 산의 멧돼지 생포하기였어요. 에리만토스 산의 멧돼지는 엄청나게 큰 멧돼지로 사람들이 사는 마을로 내려와 많은 해를 끼쳤어요. 그래서 에우리스테우스 왕은 헤라클레스에게 이 멧돼지를 사로잡으라고 했어요. 멧돼지 역시 사로잡는 일이 쉽지 않았어요. 헤라클레스는 멧돼지를 눈 덮인 들판으로 유인하여 지쳤을 때 그물을 던져 사로잡았어요.

헤라클레스의 탑과 헤라클레스장수풍뎅이

헤라클레스가 힘을 상징하다 보니 크고 힘센 것에 헤라클레스를 넣어서 이름을 짓는 경우가 많은가 봐요. 헤라클레스의 탑은 스페인의 두 번째 큰 도시의 항구에 있는 등대예요. 이 등대는 1세기 후반 고대 로마인들이 등대 겸 경계 표시용으로 만든 것이에요. 등대의 높이가 55미터나 된다고 하니 당시 로마인들의 건축술을 짐작하고도 남음이 있어요. 이렇게 크다 보니 이 등대를 헤라클레스의 탑이라고 부르나 봐요. 2009년 6월, 세계문화유산위원회는 이 등대를 세계문화유산으로 지정했어요. 그리고 장수풍뎅이 중에 제일 크고 힘센 종류를 또 헤라클레스장수풍뎅이라고 불러요.

다섯 번째는 가축 삼천 마리가 사는 우리 청소였어요. 삼천 마리가 들어 있는 가축우리를 단 하루 만에 청소를 해야 했어요. 그리고 이 가축우리는 30년 동안 한 번도 청소한 적이 없어서 가축의 똥으로 산을 이루고 있었지요. 헤라클레스는 축사의 벽에 구멍을 뚫고 가까운 강에 있는 물을 가축우리 안에 흐르게 만들어 하루 만에 청소를 끝냈어요.

여섯 번째는 스팀팔리데스의 새떼 쫓기였어요. 스팀팔리데스 숲에 엄청나게 모여 있는 새떼를 쫓는 일은 헤라클레스가 아무리 생각해도 방법이 떠오르지 않았어요. 그래서 과업 수행이 위기에 부닥쳤어요.

헤라클레스가 비록 헤라 여신의 미움은 받았지만 모든 여신의 미움을 받은 것은 아니었어요. 이때 아테나 여신이 나타나 방법을 알려 주었고 헤라클레스는 아테나 여신이 준 청동 꽹과리를 이용해 숲 속의 모든 새를 쫓을 수 있었어요.

일곱 번째는 크레타 섬의 미친 황소 잡기였어요. 이 황소는 원래 크레타 섬의 미노스 왕이 포세이돈에게 제물로 바치기로 한 것이었는데, 황소가 탐이 난 미노스 왕이 약속을 지키지 않자 화가 난 포세이돈 신이 미치게 만든 소였어요. 헤라클레스는 크레타 섬까지 찾아가 이 황소를 사로잡아 에우리스테우스 왕에게 바쳤어요.

여덟 번째는 디오메데스가 기르는 식인 말 생포하기였어

요. 원래 말은 풀을 먹는 초식 동물인데 말의 주인인 트라키아의 디오메데스 왕은 자신의 말에게 사람 고기를 주고 있었어요. 헤라클레스는 여덟 번째 명을 받고 바로 트라키아로 달려 가서 사나운 식인 말을 사로잡았어요. 이때 디오메데스 왕이 공격해 왔어요. 그래서 헤라클레스가 디오메데스 왕을 사로잡아 식인 말에게 먹이로 던져 주자 말은 그때부터 얌전해졌어요.

아홉 번째는 아마존 종족 여왕의 허리띠 가져오기였어요. 아마존 종족은 전쟁의 신 아레스를 조상으로 모시는 여전사들만으로 이루어진 종족이에요. 그래서 그곳으로 찾아가 협상으로 순순히 허리띠를 찾아오려는 찰나, 역시 헤라가 방해를 했어요. 결국 헤라클레스는 여전사들과 싸움을 벌여 승리를 거두고 허리띠를 가져오면서 과업을 완수했어요.

> **아마존**
>
> 그리스 신화에 나오는 종족으로, 오로지 여자 전사들로만 이루어져 있어요. 복수형으로 아마조네스라고도 부르지요. 이들은 사내아이가 태어나면 다른 나라로 보내거나 모두 죽여 버렸어요. 아마존은 전쟁의 신 아레스와 요정 하르모니아의 자손이라고 해요. 그래서인지 싸움과 사냥을 매우 즐겼어요. 활을 편하게 쏠 수 있도록 오른쪽 가슴을 도려내기도 했지요. 정말 세상에서 가장 무서운 여전사들이지요.

열 번째는 괴물 게리온의 붉은 소 생포하기였어요. 이번에는 멀리 세상 끝에 있는 전설의 섬으로 가서 머리 셋 달린 괴물 게리온이 가지고 있는 붉은 소를 생포하는 것이었어요. 이 과업은 정말 오랜 시간이 걸렸지요. 그래서 과업을 내린 에우리

세상을 떠받치고 있는 아틀라스

아틀라스가 지구를 어깨로 떠받치고 있는 모습을 그리고 있다. 그의 담담해 보이는 표정은 자신에게 주어진 벌을 그저 묵묵히 인내하겠다는 것만 같다. 구에르지노의 작품이다.

스테우스는 헤라클레스가 죽은 줄 알았을 정도예요. 과업을 수행하다가 헤라클레스가 죽기를 바랐던 에우리스테우스 왕은 헤라클레스가 붉은 소를 생포해서 돌아오자 깜짝 놀랐지요.

열한 번째는 헤스페리데스의 황금 사과 따오기였어요. 이 황금 사과는 불사의 생명력을 가진 머리 백 개 달린 용과 헤스페리데스 요정이 지키고 있었어요. 헤스페리데스는 아틀라스의 딸이었어요. 헤라클레스는 이 동산의 위치를 몰라서 유럽과 아시아, 아프리카를 돌아다녔어요. 그러다가 독수리에게 간을 쪼이고 있는 프로메테우스를 만났어요. 프로메테우스를 안타깝게 여긴 헤라클레스는 활로 독수리를 쏘아 죽인 뒤 그를 구해 주었어요. 이에 보답하고자 프로메테우스는 헤라클레스가 헤스페리데스의 황금 사과를 손에 넣는 방법을 알려 주었어요. 그것은 프로메테우스의 동생인 아틀라스를 찾아가 자신을 대신해 황금 사과를 구해 달라고 부탁하라는 것이었어요. 아틀라스는 제우스와 티탄족과의 싸움이 벌어질 때 제우스와 싸우다 패하여 제우스에 의해 하늘을 떠받치고 있는 벌을 받고 있었어요. 헤라클레스는 프로메테우스의 충고대로 아틀라스를 찾아가 황금 사과를 가져다 달라고 부탁했어요. 아틀라스가 황금 사과를 구해 오는 동안 하늘을 떠받치고 있는 일은 헤라클레스가 대신했지요.

　헤스페리데스는 아틀라스의 딸이었어요. 아버지가 부탁을 하자 헤스페리데스는 사과를 쉽게 내놓았어요. 하지만 아틀라스는 다시 하늘을 지고 있기가 싫었어요. 그래서 사과를 자신이 직접 에우리스테우스에게 가져다 주겠다고 했어요.

지도책, 아틀라스(atlas)

아틀라스는 프로메테우스와 에피메테우스의 형제이면서 티탄족이에요. 하늘의 주인을 둘러싸고 티탄족과 제우스와의 싸움에 프로메테우스와는 달리 아틀라스는 제우스 반대편에 서서 싸우다가 패해 제우스에게 하늘을 떠받치고 있는 벌을 받게 되었어요. 하지만 프로메테우스는 티탄족이 싸움에 질 줄 미리 알고 제우스 편을 들었어요. 프로메테우스라는 이름은 '먼저 아는 자'라는 뜻이 있어요. 그래서 프로메테우스는 제우스에게 벌을 받지 않고 살아남을 수 있었어요. 하지만 결국 제우스와의 불화로 인해 벌을 받게 되지요. 영어로 아틀라스(atlas)는 지금은 지도책이라는 뜻도 있어요. 처음 지도책을 만들었을 당시에 지도책 그림에 아틀라스의 그림이 들어 있었어요. 그래서 사람들은 이때부터 영어로 지도책을 아틀라스(atlas)라고 부르게 되었어요.

은하수가 된 헤라의 젖

그리스로마 신화에서는 은하수를 헤라의 젖이 하늘에 뿌려지면서 만들어진 것이라고 해요. 제우스는 자신의 아들인 헤라클레스에게 영원한 생명을 주기 위해 헤라의 젖을 먹이려고 했어요. 헤라는 다른 여자에게서 태어난 제우스의 자식에게 젖을 주고 싶지 않았어요. 결국 제우스는 헤라에게 헤라클레스가 아닌 것처럼 속여 젖을 빨게 했어요. 헤라클레스의 젖 빠는 힘이 얼마나 셌던지, 헤라의 젖이 세차게 뿜어져 나와 사방으로 흩어졌어요. 이때 하늘에 뿌려진 젖은 은하수가 되었고, 땅에 떨어진 젖은 백합이 되었다고 해요.

그 순간 헤라클레스는 아틀라스의 말을 승낙하는 척 하면서 말했어요.

"알았네, 오랜 시간 하늘을 받치고 있었더니 어깨가 아파서 그러니 내가 어깨 받침대를 하는 동안 잠시만 하늘을 들어 주게."

"그건 어려운 것이 없지."

헤라클레스의 말에 속아 넘어간 아틀라스는 얼른 하늘을 받아 들었고 그 틈을 놓치지 않고 헤라클레스는 사과를 챙겨 돌아오면서 과업을 완성했어요.

마지막 열두 번째의 과업은 저승의 입구를 지키는 파수견 케르베로스 생포하기였어요. 케르베로스는 머리가 셋에 등에는 온갖 종류의 뱀을 달고 용의 꼬리를 가진 무시무시한 괴물이었어요. 헤라클레스는 이 무시무시한 괴물을 두 손으로 목을 졸라 사로잡았어요. 이 마지막 과업까지 성공적으로 끝내면서 헤라클레스는 마침내 자식을 살해한 죄를 씻고 자유의 몸이 되었고 칼리돈의 공주 데이아네이라와 재혼을 해서 새로운 행복을 찾게 되었어요.

헤라클레스의 최후

　헤라클레스의 행복도 잠시, 그는 또다시 실수로 친척 소년을 죽이고 아내와 함께 살던 나라를 떠나게 되었어요. 다른 나라로 향하던 중 강을 건너게 되었지요.

　이때 켄타우로스족인 네서스가 영웅 헤라클레스와 그의 아내인 데이아네이라가 에우에노스 강을 건너려고 하는 것을 보았어요. 켄타우로스는 아래쪽은 말이고 위쪽은 사람인 괴물이었어요. 에우에노스 강은 물살이 아주 거센 강이었어요. 데이아네이라를 본 네서스는 두 사람에게 다가가 말했어요.

　"이곳은 물살이 거센 곳이니, 제가 강을 건너는 것을 도와 드리지요."

　두 사람은 그 말을 그대로 받아들여 좋다고 했어요. 먼저 네서스는 데이아네이라를 데리고 강을 건넜어요. 강을 건너던

데이아네이라를 구출해 오는 헤라클레스

헤라클레스가 켄타우로스족 네서스에게서 아내 데이아네이라를 구해 내고 있는 장면이다. 바르톨로마이우스 스프랑게르의 작품이다.

네서스는 예쁜 헤라클레스의 아내에게 나쁜 마음이 생겼어요. 그래서 데이아네이라에게 가까이 다가갔어요. 순간 그의 의도를 알아차리고 겁에 질린 데이아네이라는 헤라클레스의 이름을 외쳤어요.

"헤라클레스!"

"아니, 저놈이 내 아내한테 뭘 하려는 거지?"

강 건너편에서 아내가 잘 건너가는지 보고 있던 헤라클레스는 재빨리 화살을 쏘았어요. 아홉 개의 머리를 가진 무시무시한 뱀 히드라를 물리치며 얻은 독이 발린 화살이었어요. 히드라의 독을 치료할 수 있는 약은 아무것도 없었지요. 독화살은 네서스의 심장을 정확히 꿰뚫었어요. 독은 빠른 속도로 퍼져 나갔고, 결국 네서스는 쓰러지고 말았어요. 네서스는 당황하여 어쩔 줄 모르고 있는 데이아네이라에게 말했어요.

"내 잘못을 뉘우치는 의미로 마지막 선물을 주겠소. 혹시라도 남편이 당신을 더 이상 사랑하지 않는다고 느껴질 때, 내 피를 묻힌 옷을 입히시오. 그럼 남편은 다시 당신을 사랑하게 될 것이오."

헤라클레스의 아내는 받지 않으려 했지만, '남편이 당신을 사랑하지 않을 때'라는 말이 솔깃하게 들렸어요. 그래서 그 말에 넘어가 병을 꺼내 네서스의 피를 담아 두었어요.

그 뒤로 많은 시간이 흘렀어요. 헤라클레스는 오이칼리아의 왕인 에우리토스가 연 활쏘기 대회에서 승리자가 되었어요. 에우리토스 왕은 활쏘기 대회에서 이긴 사람에게 자신의 딸인 이올레 공주를 주기로 약속했어요. 하지만 헤라클레스가 우승을 했는데도 왕은 약속을 지키지 않았어요. 화가 난 헤라클레스는 왕을 죽이고 공주를 데리고 집으로 돌아오고 있었어요. 이 소식을 들은 데이아네이라는 안절부절못했어요. 혹시 자신을 버리고 이올레 공주를 사랑하면 어떡하나 하고 걱정이 되었어요. 그때, 그녀의 머릿속에 퍼뜩 떠오른 것이 있었어요. 바로 네서스의 피였지요. 그녀는 보관해 두고 있던 네서스의 피를

장작 위에 누운 헤라클레스

장작 위에 누운 헤라클레스가 신음하며 죽어 가는 모습을 담고 있다. 루카 조르다노의 작품이다.

꺼내 헤라클레스의 옷에 묻혔어요. 그것도 모르고 헤라클레스는 아내가 준 옷으로 갈아입었어요. 그 순간, 그는 온몸이 타들어가는 고통을 느끼고 비명을 질렀어요. 고통에서 벗어나려고 아무리 옷을 벗으려 했지만, 옷은 헤라클레스의 살갗에 단단히 달라붙어 좀처럼 떨어지지 않았지요.

네서스는 죽을 때 헤라클레스가 쏜 히드라의 독화살에 맞아 독이 온몸으로 퍼져 죽었어요. 그러니 네서스의 피에도 히드라의 독이 남아 있었지요. 네서스는 죽는 그 순간 헤라클레스에게 복수하기 위해 거짓말을 했던 것이에요.

"내가 바보처럼 속아 넘어가는 바람에 그이가 죽게 되었어."

데이아네이라는 죄책감과 슬픔을 견디지 못하고 스스로 목숨을 끊었어요. 한편 독이 거의 온몸에 퍼진 헤라클레스는 자신의 몸을 오이타 산으로 옮겨 달라고 부탁했어요. 그리고 그는 그곳에서 스스로의 몸에 불을 질러 죽었어요. 헤라클레스가 죽자 신들은 그의 영혼을 올림포스로 데려가 불사의 신으로 만들었어요. 헤라클레스를 끊임없이 괴롭혔던 헤라 여신 역시 드디어 마음이 풀렸지요. 그래서 헤라클레스와 청춘의 여신 헤베를 서로 맺어 주었어요.

네서스의 셔츠

헤라클레스는 네서스의 셔츠로 인해 죽고 말았어요. 그래서 '네서스의 셔츠'라고 하면, 받는 사람에게 고통과 재난을 일으키는 선물이라는 뜻이 있어요. 네서스는 자신을 죽인 헤라클레스에게 이렇게 복수한 거예요. 하지만 애초부터 잘못을 저지른 건 헤라클레스의 아내인 데이아네이라에게 나쁜 마음을 품었던 네서스예요. 다른 사람이 자신에게 어떤 잘못을 했는지 생각하기 전에, 먼저 자신의 행동부터 되돌아보아야 해요.

테세우스의 여섯 가지 모험

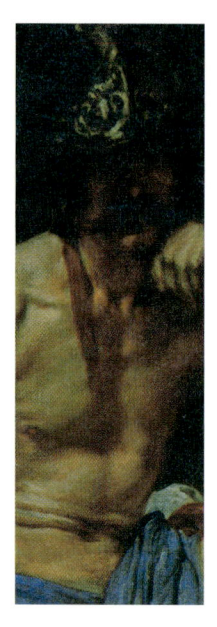

프로크루테스는 그리스의 유명한 강도로 아테네 외곽 언덕에 집을 지어 놓고 살면서 강도짓을 했어요. 프로크루테스는 자신의 집 근처 길목을 지키고 있다가 지나가는 사람을 잡아다 돈을 다 빼앗고 난 뒤에는 자신의 철제 침대에 사람을 뉘고는 사람이 침대보다 짧으면 다리를 늘여서 죽이고 길면 다리를 잘라서 죽였어요. 설사 침대의 길이와 딱 맞는 사람이 있다고 하더라도 침대 길이를 조정하는 보이지 않는 장치를 이용했기 때문에 살아 나오는 사람이 없었어요. 이 강도의 소문이 주위에 널리 퍼졌지만 아무도 그를 제압하지 못했어요. 영웅 테세우스가 나타나기 전까지는 말이에요.

영웅 테세우스는 아테네의 왕 아이게우스와 트로이젠의 공주 아이트라 사이에서 태어났어요. 테세우스를 낳기 전에 자식이 없었던 아이게우스는 델포이의 신전에 들러 자식을 얻을 수 있는 방법을 물었어요. 신의 응답은 그에게 '아테네에 도착할 때까지 술 주머니를 열지 마라'고 했어요.

아테네로 돌아가던 아이게우스는 트로이젠의 왕 피테우스에게 신의 응답이 무엇을 의미하는지 물어보았어요. 지혜로운 자로 소문난 피테우스 왕은 그 의미를 단번에 알아챘어요.

'이것은 분명 아테네를 다스리게 될 영웅이 생긴다는 의미일 것이다. 하지만 아이게우스 왕에겐 알리지 않는 것이 좋겠다. 우리 트로이젠 역시 훌륭한 후계자가 태어나기를 간절히 바라고 있으니까.'

피테우스 왕은 그 의미를 잘 모르는 듯 둘러대고는 아이게우스 왕에게 내린 신의 응답을 자신의 나라를 위한 응답이 되도록 머리를 짜냈어요. 방법을 찾은 피테우스 왕은 아이게우스에게 아주 성대한 대접을 하면서 푹 쉬었다 가라고 했어요.

"하하, 여행길에 들렀으니 얼마나 피곤하시겠습니까? 신의 응답에 대한 의미는 저도 곰곰이 생각해 볼 테니 오늘은 아무 걱정 마시고 맘껏 드시고 푹 쉬시지요."

피테우스는 아이게우스의 긴장을 풀게 한 뒤 음식과 술을 잔뜩 대접했어요. 성대한 대접을 받은 아이게우스는 거절하기도 뭐하고 자신을 알아주니 기분도 좋아 주는 대로 술을 마셨어요. 결국 아이게우스는 술에 곯아떨어지게 되었어요. 그러자 피테우스는 아이게우스가 잠든 방으로 자신의 딸 아이트라

아테나 여신의 도시, 아테네

프로크루스테스는 아테네 외곽에서 살았어요. 아테네는 바로 지금 그리스의 수도이지요. 아테네와 아테나, 비슷한 이름에서 알 수 있듯이, 아테네는 아테나 여신의 도시라는 뜻이에요. 아테나는 삼촌뻘인 포세이돈과 아테네에 서로 자신의 신전을 짓겠다고 다툰 적이 있어요. 결국 아테네의 시민들에게 더 좋은 선물을 주는 쪽이 신전을 짓기로 했지요. 포세이돈은 물을 선물했지만, 바다의 신인지라 물에서 너무 짠 맛이 나서 도무지 쓸 수가 없었어요. 반면 아테나가 준 올리브 나무는 요리도 할 수 있고, 기름으로 불도 밝힐 수도 있었어요. 결국 지혜의 여신 아테나가 승리하여 아테네에 자신의 신전을 세웠답니다. 아테네라는 이름도 그때 붙은 것이에요.

를 들여보냈어요. 이렇게 아이게우스와 하룻밤을 보낸 아이트라는 아이를 갖게 되었고 그렇게 태어난 아이가 바로 영웅 테세우스였어요.

테세우스는 씩씩하게 자라났어요. 테세우스는 자라면서 자신의 아버지가 누구인지 늘 궁금했어요. 그리고 아버지를 매우 찾고 싶어 했지요.

"어머니, 제 아버지는 누구입니까? 아버지를 찾고 싶습니다."

이렇게 물으면 어머니의 대답은 한결같았어요.

"저 바위를 네 힘으로 들어 올릴 때 가르쳐 줄 것이다."

그렇게 오랜 시간을 기다린 끝에 테세우스는 청년이 되어 바위를 제 혼자 힘으로 들어 올렸어요. 그리고 그 밑에 아버지가 감춰 둔 칼과 샌들을 찾아내어 드디어 아버지를 찾아 떠났어요.

"나는 영웅 헤라클레스를 존경하는 사람이다. 그처럼 멋진 사나이가 될 것이다. 그래서 아버지를 찾아가는 길도 쉬운 길이 아니라 힘겹고 어려운 길로 가면서 헤라클레스를 닮아 갈 것이다."

 평소 모험을 즐겼던 테세우스는 영웅답게 쉬운 길을 두고 어려운 길을 택하여 가면서 여섯 가지 모험을 하게 되고 그 모험을 모두 통과해요.

 아버지를 찾아가는 길에 만난 여섯 가지 모험은 모두 가장 악랄한 방법으로 사람을 괴롭히는 악당들이었어요. 그리고 그들을 물리칠 때 테세우스는 그들이 사람들을 괴롭힌 똑같은 방법으로 되갚아 주었어요.

 길 가는 사람을 약탈하고 곤봉으로 사람을 때려 죽이는 악당 페리페테스, 소나무 두 그루를 힘으로 굽혀 그 사이에 사람을 묶어 놓은 뒤 소나무를 놓아 버리는 방법으로 사람을 죽이는 악당 시니아, 지나가는 사람에게 흉악한 강도질을 일삼는 파이아라는 이름의 사나운 돼지, 자신의 발을 닦아 달라고 부탁한 뒤 발을 닦아 주면 발로 차서 절벽으로 떨어뜨려 바다거북의 먹이가 되게 하는 악당 스키론, 지나가는 사람과 강제로 레슬링 시합을 한 뒤 목숨을 빼앗는 악당 케르키온을 모두 처치했어요. 그러고 나서 마지막으로 물리친 악당이 바로 프로크루테스였어요. 테세우스는 프로크루테스가 저지른 나쁜 짓을 이미 소문으로 들어 알고 있었어요.

 마지막 여섯 번째 모험을 남겨 둔 테세우스도 프로크루테스가 지키고 있는 길목을 지나게 되었지요. 사실은 미리 소문을

테세우스의 모험

테세우스의 모험이 새겨진 그리스의 도자기에 있는 그림이다. 암퇘지 파이아, 악당 프로크루테스 등을 물리친 테세우스의 여섯 가지 활약이 새겨져 있다.

듣고 일부러 이 길목을 지나가게 된 것이에요. 하지만 악당 프로크루테스는 영웅 테세우스를 몰라보고 불러 세웠어요.

"서라, 여기를 지나려면 통행세를 내야 한다."

"통행세라, 나는 그런 것 모른다. 어쩔 테냐!"

순간 프로크루테스는 움찔했어요. 여태까지 이렇게 나오는 행인을 만나지 못했거든요. 하지만 프로크루테스는 그럼에도 더 인상을 쓰며 이번에는 집에 데려가기 전에 없애고 말겠다는 심정으로 테세우스를 죽이려 들었어요.

"이야, 죽어라!"

영웅 테세우스는 가볍게 피하며 단 한 방에 프로크루테스를 때려눕혔어요. 그리고 쓰러진 프로크루테스를 잡아끌고 침대로 데리고 갔어요.

"네가 저지른 악행을 잘 알고 있다. 너도 똑같은 방법으로 당해 봐라."

"살려 주시오!"

"네가 죽인 사람도 모두 살려 달라고 애원을 했을 것이다. 그러나 너는 눈 하나 깜짝하지 않고 잔인한 방법으로 사람을 죽였다."

영웅 테세우스도 눈 하나 깜짝하지 않고 프로크루테스의 다리를 단번에 잘라 죽였어요. 마지막 악당까지 물리친 테세우스는 무사히 아테네에 도착할 수 있었어요.

프로크루테스의 침대

'프로크루스테스의 침대'라는 말은 자기 생각에 맞추어 남의 생각을 뜯어고치려는 행위, 남에게 해를 끼치면서까지 자신의 주장을 굽히지 않는 횡포를 비유적으로 말할 때 사용해요. 더불어 살아가는 세상에서 가장 경계해야 하는 것이 바로 타인과의 관계를 고려하지 않고 자기 멋대로 하는 것이겠지요. 이런 경우 한두 번은 통할지 모르지만 반드시 그 자신도 그런 경우를 당하는 것으로 되돌려받게 되지요.

미노타우로스를 물리친 테세우스

아테네는 매년 크레타의 미노스 왕에게 젊은 남녀 일곱 명을 제물로 바쳤어요. 그래서 매년 크레타 섬의 미궁에 갇힌 괴물 미노타우로스에게 먹히는 운명이 되고 있었지요. 아버지인 아이게우스 왕을 만나 아테네의 후계자가 된 테세우스는 자신이 직접 제물이 되어 미궁에 들어가 괴물 미노타우로스를 물리치기로 결심했어요. 그래서 스스로 산 제물이 되어 젊은 남녀 틈에 끼어 크레타 섬으로 갔어요.

테세우스와 제물을 태운 배는 검은 돛을 달아 슬픔을 표시했어요. 아테네를 떠나며 테세우스는 아버지에게 이렇게 당부했어요.

"크레타 섬의 미궁에 있는 미노타우로스를 처치하고 돌아올 때는 검은 돛이 아닌 흰 돛을 달고 오겠습니다. 그러면 저희가 승리한 줄 아세요."

"알았다, 아들아. 꼭 승리의 흰 돛을 달고 오기 바란다."

옛날 미노스 왕은 크레타 섬의 왕좌 자리를 놓고 형제들과 다투었어요. 이때 바다의 신 포세이돈이 미노스 왕을 지지해 주었어요.

"바다의 신 포세이돈이시여, 저를 승리로 이끌어 주소서."

"알았다. 너의 정성이 그러하니 네가 승리하도록 힘쓸 것이다. 그래서 내가 너에게 바닷속에 있는 아름다운 황소 한 마리를 보낼 것이다. 왕위 다툼에서 승리하면 그 황소를 제물로 바치도록 하라."

"네, 알겠습니다. 왕위 쟁탈전에서 승리만 한다면 뭔들 못하겠습니까!"

포세이돈은 미노스의 소원대로 왕위 쟁탈전에서 승리하도록 도왔고 제물로 바칠 아름다운 황소 한 마리를 보내 주었어요.

포세이돈의 도움으로 크레타 섬 왕좌 자리를 차지한 미노스는 그만 왕이 되자 포세이돈과의 맹세를 헌신짝 버리듯 버렸지요. 그는 포세이돈이 보낸 황소가 너무 아름다워 계속 옆에 두고 지켜보고 싶었어요. 미노스 왕이 약속을 어기자, 화가 난 포세이돈은 황소가 이리저리 미쳐 날뛰게 만들었어요. 게다가 미노스 왕의 아내인 파시파에 왕비가 황소를 사랑하도록 만들었지요. 졸지에 황소를 사랑하게 된 파시파에 왕비는 사랑의 감정을 견딜 수가 없게 되었어요. 그래서 다이달로스를 찾아가 속마음을 털어놓고, 방법을 찾아 달라고 간청을 했지요. 다이달로스는 어쩔 수 없이 소원을 들어줄 수밖에 없었어요.

"알겠습니다. 제가 진짜 같은 암소를 나무로 만들어 드리겠습니다."

다이달로스는 나무로 커다란 암소를 조각해 주었어요. 진짜 소의 가죽까지 씌워 놓아, 실제 암소와 분간할 수 없을 정도로 감쪽같았어요. 나무 암소 속에 들어간 파시파에는 그래서 황소와 하룻밤을 보낼 수 있었어요. 그렇게 해서 낳은 자식이 바로 미노타우로스예요. 미노타우로스의 모습을 본 미노스는 깜짝 놀라서 다이달로스를 불러 미궁을 만들게 했어요. 한번 들어가면 다시는 빠져나올 수 없는 미궁의 이름은 라비린토스였지요. 미궁이 완성되자, 미노스는 미노타우로스를 그 속에 넣어 가두어 버렸어요. 산 제물로 바쳐진 인간은 바로 이 미궁 속에 들어가 길을 헤매다 미노타우로스의 먹이가 되는 것이에요.

한편 미노스 왕의 딸 아리아드네 공주는 아테네에서 제물이 되어 온 테세우스를 보고 그만 한눈에 사랑에 빠졌어요. 사랑에 빠진 아리아드네는 테세우스가 죽는 모습을 지켜볼 수 없

테세우스가 미궁을 빠져나갈 수 있도록 실을 주는 아리아드네

아리아드네가 테세우스에게 실타래를 주고 있다. 펠라지오 팔라지의 작품이다.

> **아리아드네의 실**
>
> 아리아드네 공주가 테세우스 왕자에게 준 실에서 비롯된 말이에요. 그 실 덕분에 테세우스 왕자는 미궁을 빠져나올 수 있었지요. 오늘날에는 '아리아드네의 실'이라고 하면 어떤 어려운 일을 해결하는 방법이나 실마리라는 의미로 쓰이는 고사성어예요. 아무리 어려운 일이 닥쳐도 항상 최선을 다하다 보면 문제를 풀 수 있는 아리아드네의 실을 발견할 수 있을 거예요.

었지요. 그래서 아리아드네 공주는 깊은 밤, 감옥에 갇힌 테세우스를 몰래 찾아가 말했어요.

"저와 결혼한다고 약속해 주시면, 이 미궁에서 탈출할 수 있도록 도와 드릴게요."

"알겠소, 내 살아 나온다면 당신과 함께 이 섬을 탈출하리다."

테세우스는 아리아드네 공주의 제안을 받아들였어요. 설령 미노타우로스를 물리친다 해도, 어떻게 미궁을 빠져나와야 할지 고민이었기 때문이에요. 아리아드네는 다이달로스에게서 미궁을 빠져나올 수 있는 방법을 알아냈어요. 그 방법은 바로 실타래를 이용하는 것이었지요. 그래서 테세우스에게 실타래 하나를 주었어요.

"제가 드린 실타래 실의 한쪽 끝을 입구에 묶어 두세요. 그 다음엔 실을 풀면서 미궁 안으로 들어가세요. 괴물을 물리치고 돌아올 때는 실을 그대로 따라 나오면 된답니다."

"알겠소, 내 반드시 괴물을 물리치고 이 실타래를 이용해서 빠져나오리다."

테세우스는 아리아드네의 말대로 실을 미궁의 입구에 묶은

테세우스가 버린 아리아드네

잠에서 깨어난 아리아드네가 테세우스에게 버림받은 사실을 깨닫고 어쩔 줄 모르고 있다. 아리아드네의 곁에서 울고 있는 소년은 사랑의 신 에로스이다. 안젤리카 카우프만의 작품이다.

뒤, 실타래를 천천히 풀며 미궁 속으로 들어갔어요. 미궁 깊숙한 곳에서 미노타우로스를 물리친 테세우스는 실을 따라 무사히 미궁에서 탈출할 수 있었어요. 아리아드네를 데리고 섬을 탈출한 테세우스는 고향으로 돌아가기 위해 배에 올랐어요. 배는 아테네로 가는 도중 잠시 쉬었다 가기 위해 낙소스 섬에 들렀어요. 그런데 그만 아리아드네는 이 섬에 혼자 남게 되었어요. 그건 디오니소스 신 때문이었어요. 때마침 낙소스 섬을

미노타우로스를 물리친 테세우스 149

지나가던 디오니소스가 아리아드네에게 반하고 말았거든요. 그래서 테세우스에게 명령을 했어요.

"테세우스여, 그대는 섬을 떠나되 아리아드네를 남겨 두고 가도록 해라."

신의 명령을 어길 수 없었던 테세우스는 그녀를 두고 몰래 떠나갈 수밖에 없었어요.

잠에서 깨어난 아리아드네는 자신이 혼자 남겨졌다는 사실을 알고 몹시 슬퍼했어요. 그때 디오니소스가 나타나 그녀를 달래 주었어요. 이후 디오니소스의 아내가 된 아리아드네는 여러 아이를 낳았다고 해요.

하지만 아테네로 돌아가면서 테세우스는 큰 실수를 하고 말아요. 아버지와 했던 약속을 깜빡 잊었던 것이지요. 승리해서 돌아온다면 검은 깃발을 내리고 흰 깃발을 달겠다는 약속을 잊은 것이에요. 그렇게 테세우스는 검은 깃발을 그대로 달고 아테네로 가고 있었어요.

아들이 승리해서 돌아오기를 기다리고 있던 아버지는 저만치서 제물을 태우고 갔던 배가 돌아오는 것이 보이자 심장이 뛰기 시작했어요.

"오, 신이시여. 저 배의 깃발이 부디 흰 깃발이기를 바랍니

디오니소스의 선물, 북쪽왕관자리

북쪽 하늘에 있는 별자리로, 7개의 별이 반원형으로 늘어서 왕관 모양을 하고 있어요. 7개의 별 중 가장 밝은 별을 게마라고 부르는데, 이는 라틴어로 보석이라는 뜻이에요. 디오니소스는 아리아드네에게 반해 테세우스에게 그녀를 남겨 두고 가도록 했어요. 잠에서 깨어난 아리아드네는 홀로 남겨진 자신의 처지를 슬퍼하며 울고 있었어요. 디오니소스는 그녀를 달래기 위해 별로 왕관을 만들어 하늘의 별자리로 올려 보냈어요. 그러니 북쪽왕관자리는 디오니소스가 아리아드네에게 주는 선물인 셈이에요.

다."

　드디어 배가 육안으로 확인할 만큼 가까이 왔어요. 순간 테세우스의 아버지는 하늘이 무너지는 것 같았어요. 깃발이 그대로 검은색이었기 때문이지요.

　"아, 하늘이시여! 너무 무심하십니다. 이대로 제 사랑하는 아들 테세우스를 거둬 가셨단 말입니까!"

　아들을 잃은 절망감과 슬픔을 가누지 못한 테세우스의 아버지는 그만 배를 보기 위해 올라갔던 바닷가 낭떠러지에서 그대로 몸을 던지고 말았어요. 아무리 신의 명령이라도 자신을 위해 목숨까지 걸고 탈출한 아리아드네를 버린 사랑의 벌일까요? 테세우스는 아버지의 죽음에 땅을 치며 통곡했지만 이미 때늦은 후회였어요.

> **별자리 이야기**
>
> 지구에서 하늘을 하나의 공으로 보고 이것을 천구라고 해요. 그리고 이 천구에서 태양이 지나가는 자리를 황도, 달이 지나가는 자리는 백도라고 불러요. 태양이 지나가는 황도에는 12개의 별자리가 있어요. 이 12개의 별자리를 황도 12궁이라고 해요. 그리고 이 황도 12궁 별자리 모두 그리스로마 신화를 바탕으로 만들어진 별자리이지요. 그 별자리는 다음과 같아요. 양자리, 황소자리, 쌍둥이자리, 게자리, 사자자리, 처녀자리, 천칭자리, 전갈자리, 궁수자리, 염소자리, 물병자리, 물고기자리예요.

황도 12궁 별자리

황도 12궁 별자리들은 그리스로마 신화의 재미있는 이야기를 간직한 채 오늘도 밤하늘을 밝혀 주고 있어요. 그러면 12궁 별자리에는 어떤 신화가 숨었는지 하나씩 알아볼까요.

황소자리는 아름다운 에우로페에게 접근하기 위해 황소로 변신했던 제우스의 모습을 본떠 만든 별자리예요.

쌍둥이자리는 제우스가 자신의 쌍둥이 아들인 카르토르와 폴룩스의 우애를 기려 만들어 준 별자리예요.

게자리는 헤라의 부름을 받고 헤라클레스에 도전했다 밟혀서 죽은 게를 기리기 위해 헤라가 만든 것이에요.

사자자리는 네메아의 황야에 사는 사나운 사자를 때려 잡은 용맹한 헤라클레스를 위한 별자리예요.

처녀자리는 하데스와 결혼해 일 년의 절반을 지하에서 살게 된 페르세포네가 매년 봄마다 별이 되어 지상으로 나오는 별자리예요.

전갈자리는 아폴론이 사냥꾼 오리온을 해치기 위해 보냈던 전갈이 하늘로 올라가 만들어진 것이에요.

궁수자리는 켄타우로스 중 가장 지혜로운 키론을 기념하는 별자리예요. 켄타우로스는 상체는 사람이고 하체는 말로 이루어진 종족을 말해요.

물병자리는 올림포스에서 신들에게 술을 따라주는 일을 하게 된 제우스의 시종 가니메데스가 들고 있는 물병이에요.

물고기자리는 아프로디테와 그녀의 아들 에로스가 괴물 티폰을 피해 물고기로 변해서 도망쳤을 때의 모습이에요.

천칭자리는 모든 것을 공정하게 심판하는 법과 정의의 여신인 테미스가 지닌 저울을 상징하는 별자리예요.

양자리는 프릭소스와 헬레 남매를 태우고 바다 위를 날았던 황금 양의 수고를 기리기 위해 만든 것이에요. 헬레는 깜빡 졸다가 그만 바다로 떨어지고 말았지요.

염소자리는 염소의 다리와 뿔을 지닌 숲의 신 판이 무시무시한 괴물 티폰을 피해 도망가는 모습을 본떠 만든 별자리예요.

이렇게 위의 12개 별자리 말고도 많은 별자리들이 신화의 이야기를 간직한 채 오늘도 아름다운 밤하늘에서 반짝반짝 빛나고 있어요.

날개를 가진 다이달로스와 이카로스

다이달로스는 건축과 공예의 명인으로 얼마나 솜씨가 뛰어났던지 그가 만든 건축과 조각들은 마치 살아 움직이는 듯했어요. 다이달로스라는 말 자체에 명장이라는 뜻이 담겨 있어요. 그리고 이카로스는 그의 아들이었어요. 이렇게 실력이 뛰어나다 보니 대장장이 신 헤파이스토스와 비교되어 지상의 헤파이스토스라고 불리기도 했어요.

특히 아테나 여신은 다이달로스의 이런 재주를 인정하여 아테네의 아크로폴리스 언덕에 있는 자신의 신전에 다이달로스의 작업장을 만들어 주기도 했어요. 신의 인정까지 받은 다이달로스의 자만심은 하늘을 찌를 정도였어요. 원체 실력이 뛰어나다 보니 그 소문을 듣고 많은 사람들이 제자가 되려고 몰려들었지요. 그래서 다이달로스는 여러 제자를 가르치고 있었는데, 그중에 특히 탈로스라는 어린 제자의 솜씨가 아주 훌륭

했어요. 다이달로스를 따라잡을 만큼 그 솜씨가 하루가 다르게 쑥쑥 자랐지요. 그러다 보니 아테네 사람들의 관심은 과연 탈로스가 언제 다이달로스의 재주를 뛰어넘을 것인가에 쏠리기 시작했어요. 늘 자신이 최고라 여겼고 뭇사람들의 관심과 신의 사랑까지 독차지했던 다이달로스는 어린 제자에게 엄청난 질투심을 느꼈어요.

'아무리 내가 사랑하는 제자라도 나보다 뛰어난 것은 참을 수 없다.'

결국 질투심에 이성을 잃은 다이달로스는 그만 탈로스를 높은 지붕 위에서 밀어 버렸어요. 떨어진 탈로스는 죽고 말았지요.

"시기심 때문에 제자를 죽이다니, 그대는 이 아테네를 떠나도록 하라."

이 사실을 알고 가장 분노한 이는 바로 아테나 여신이었어요. 평소 그의 재능을 아끼고 사랑했기에 그 실망과 분노는 이루 말할 수 없었지요.

쫓겨난 다이달로스는 크레타 섬으로 갔어요. 그의 기술은 크레타의 왕 미노스의 인정을 받았어요. 다이달로스는 특별 대우를 받으며 그곳에서 결혼하여 아들까지 낳았는데, 그 아들이 바로 이카로스였어요. 이때까지만 해도 다이달로스는 미노스 왕의 신임을 얻으며 아주 행복한 나날을 보냈어요.

하지만 뜻하지 않은 사건에 휘말리면서 그만 미노스 왕의 미움을 사게 되었어요. 미노스의 부인인 왕비가 포세이돈의 황소와 사랑을 하여 괴물 미노타우로스를 낳게 된 거예요.

화가 난 미노스 왕은 다이달로스에게 절대 빠져나올 수 없는 미궁을 만들게 하여 그 안에 괴물 미노타우로스를 가두기로 마음먹었어요. 그리고 다이달로스를 불러 이렇게 윽박질렀어요.

"만약 네가 만든 미궁에서 빠져나오는 자가 있다면 너를 그곳에 가두리라!"

그래서 다이달로스는 미궁을 만들었고 미노타우로스는 그 미궁에 갇혔어요. 이렇게 미노스 왕의 분노가 풀리는 듯했어요. 하지만 더 큰 사건이 일어나는 바람에 이번에는 다이달로스가 아들 이카로스와 함께 정말로 미궁에 갇히고 말았어요. 아테네의 왕자 테세우스가 미궁에 들어가 미노타우로스를 죽이고 미궁을 탈출해 딸 아리아드네 공주를 데리고 도망친 사건이 일어났어요. 마침 거기다 왕비가 포세이돈의 황소와 사랑을 할 수 있게 도운 이가 바로 다이달로스라는 사실까지 왕이 알게 되었어요. 그러자 왕은 참지 못하고 다이달로스와 그의 아들 이카로스를 미궁에 가두어 버렸어요. 그리고 절대 도망치지 못하도록 군사들을 동원해 미궁을 둘러싸고 지키도록 했지요. 자신이 만든 미궁에 갇힌 다이달로스는 앞날이 깜깜했

다이달로스가 만든 가짜 암소 속으로 들어가는 파시파에

파시파에가 주위를 살피며 암소 모형 속으로 들어가고 있고 암소 모형을 만든 다이달로스는 그녀를 돕고 있다. 줄리오 로마노의 작품이다.

어요. 그렇게 며칠을 갇혀 있던 다이달로스는 우연히 하늘을 올려다보았어요. 푸른 하늘에는 새들이 날고 있었어요. 그 광경을 보고 다이달로스는 무심결에 이런 말을 내뱉었어요.

"천하의 다이달로스가 만든 미궁도 하늘은 막지 못하는구나!"

순간 다이달로스는 '번쩍' 하면서 좋은 생각이 떠올랐어요. 살아 나갈 방법이 떠올랐던 거예요.

"나의 부족함이 나를 살리는구나! 아들아, 이 아버지가 미궁을 탈출할 방법을 알아냈다. 시간은 좀 걸리겠지만 확실한 방법이지. 지금부터 너는 미궁 위를 날아다니는 새들이 떨어트

헤파이스토스

올림포스 12신 중 하나인 헤파이스토스는 불과 대장간의 신이에요. 하루 종일 대장간에서 뚝딱뚝딱 신들의 무기를 만들어 주는 아주 부지런한 신이지요. 하지만 여신 헤라의 아들인 그는 못생긴 데다가 다리를 절었어요. 헤라는 그런 아들이 보기 싫어 올림포스에서 쫓아냈어요. 그래서 바다의 여신 테티스 밑에서 자랐어요.
후에 올림포스로 돌아온 그는 사랑과 미의 여신인 아프로디테와 결혼했어요. 아프로디테는 그런 헤파이스토스가 싫었는지, 자주 바람을 피웠어요. 전쟁의 신인 아레스와 몰래 만나다 남편 헤파이스토스에게 들킨 적도 있었지요. 로마 신화에서 헤파이스토스는 불카누스라는 이름으로 불리고 있어요.

린 깃털을 하나도 남김없이 주워 모아라."

그때부터 다이달로스와 이카로스는 미궁에 떨어진 새들의 깃털을 줍기 시작했어요. 깃털을 다 모은 다이달로스는 커다란 날개를 두 개 만들었어요. 그리고 이카로스에게 날개를 달아 주었지요.

"아들아, 꼭 적당한 높이로 날아야 한다. 이 날개는 밀랍으로 붙인 거야. 너무 높게 날면 태양이 밀랍을 녹여 버릴 것이고, 너무 낮게 날면 날개가 바닷물에 젖게 될 것이다. 그러니 내가 나는 높이만큼만 날도록 해라."

그리고 두 사람은 날개를 몸에 달고 하늘로 날아올랐어요. 앞서 날던 다이달로스는 틈틈이 뒤를 돌아보며 이카로스가 제대로 따라오고 있는지 확인했어요. 이카로스도 아버지가 시키는 대로 하늘을 날고 있었지요. 두 사람은 성공적인 탈출을 눈앞에 두게 되었어요. 이때 문득 이카로스는 이런 생각이 들었어요.

"하늘을 난다는 것은 참 기분 좋은 일이구나. 더 높이 날아 보면 어떨까? 이제 여기서 육지로 내려가면 다시 하늘을 날 기

날개를 시험하는 이카로스

이카로스가 날개를 시험해 보고 있다. 이카로스의 팔을 꽉 붙들고 있는 다이달로스의 모습도 보인다. 델 사르토의 작품이다.

회는 없을 거야. 기회는 있을 때 이용하는 거야. 나는 더 높이 올라가 보고 싶어."

절대 높이 날지 말라는 아버지의 충고가 마음에 걸렸지만 이카로스는 기회를 놓칠 수 없다고 생각했어요. 이카로스는 조금씩 더 높이 하늘로 날아올랐어요. 처음엔 아무 일도 일어나지 않았어요. 하지만 점점 태양의 열기에 밀랍이 녹아내리기 시작했어요.

한편 거의 다 도착해 간다고 안심하고 있었던 다이달로스는 뒤늦게 아들이 높이 올랐다는 사실을 눈치챘어요.

날개를 가진 다이달로스와 이카로스

> **이카로스의 날개**
>
> '이카로스의 날개'는 지나친 욕망을 이기지 못하고 화를 초래한 상황에 비유적으로 사용해요. 또 다른 뜻은 미지의 세계에 대한 인간의 동경과 호기심 그리고 지칠 줄 모르는 도전 정신과 열정을 말할 때 쓰는 고사성어이기도 해요.

"안 돼! 이카로스!"

하지만 이카로스의 날개는 이미 녹아 힘을 잃고 순식간에 바다로 떨어져 버렸어요.

"이카로스!"

다이달로스가 외쳤지만, 이카로스가 빠진 바다는 그저 잔잔한 거품만이 일 뿐이었어요.

아킬레우스의 약점

　제우스 신과 바다의 신 포세이돈은 바다의 여신 테티스를 사랑하고 있었어요. 하지만 프로메테우스의 예언을 들은 두 신은 테티스 여신에 대한 마음을 접어야 했어요.
　"테티스 여신이 낳은 아들은 그 아버지보다 위대한 자가 될 것이다."
　제우스와 포세이돈은 이 말을 듣고 멈칫하지 않을 수 없었어요. 테티스와 사랑하여 아들을 낳으면, 그 아들이 아버지인 제우스나 포세이돈보다 위대해진다는 소리를 들었으니 어찌 멈칫하지 않을 수 있겠어요. 까딱 잘못하면 자신들의 지위를 빼앗기고 말 테니까요. 그래서 천하의 바람둥이인 제우스도 어쩔 수 없이 마음을 접고, 테티스를 인간인 펠레우스와 맺어 주었어요.

테티스와 펠레우스

테티스와 펠레우스의 결혼식이 열렸다. 식탁 위에 놓인 황금 사과는 초대받지 못한 에리스 여신이 두고 간 것으로 이 사과로 인해 트로이 전쟁이 일어났다. 야콥 요르단스의 작품이다.

바로 이 테티스와 펠레우스 사이에서 태어난 아들이 아킬레우스예요. 아킬레우스는 아버지가 인간이기 때문에 영원히 죽지 않는 불사의 몸으로 태어나지 못했어요. 어머니 테티스는 아들 아킬레우스에게 영원한 생명을 주고 싶었어요. 그래서 어린 아킬레우스를 데리고 스틱스 강으로 갔어요. 스틱스 강에 몸을 담그면 영원히 죽지 않는 불사의 몸이 될 수 있거든요. 또 신들이 스틱스 강의 이름을 걸고 한 맹세는 반드시 지켜야만 했어요.

테티스는 아킬레우스를 스틱스 강물에 담갔어요. 그런데 테티스가 깜박 잊었던 것이 있었어요. 아킬레우스의 발목을 잡고 물에 담그는 바람에 그만 발뒤꿈치 부분은 물에 닿지 않았던 거예요. 결국 완전한 불사의 몸이 되지 못하고, 발뒤꿈치는 아킬레우스의 약점으로 남게 되었어요.

아킬레우스는 뛰어난 검술을 지닌 똑똑한 청년으로 무럭무럭 자라났어요. 때마침 트로이 전쟁이 벌어지자 그리스 연합군은 용맹한 전사인 아킬레우스를 전쟁에 참여시키려 했어요. 하지만 어머니 테티스는 아킬레우스를 전쟁에 내보낼 수 없었어요. 아킬레우스가 트로이 전쟁에 참전하면 명예로운 업적을 남기고 죽지만, 전쟁에 나가지 않으면 비록 명예는 얻지 못해도 오래 오래 살 것이라는 것을 알았기 때문이에요. 아들의 장래를 고민하던 어머니 테티스는 아무리 명예가 중요하더라도

부모로서 차마 자식의 죽음을 지켜볼 수는 없었어요. 그래서 아킬레우스를 여자로 변장시켜 스키로스 섬의 리코메데스 왕에게 보냈어요.

한편 그리스 연합군은 아킬레우스를 설득하기 위해 오디세우스를 아킬레우스에게 보냈어요. 아킬레우스가 리코메데스 왕의 궁전에 있다는 소문을 들은 오디세우스는 상인으로 변장을 하고 스키로스 섬으로 떠났어요.

"아름다운 장신구들과 튼튼한 무기를 가지고 왔으니 한번 구경해 보시지요."

궁전에 도착한 오디세우스는 공주들 앞에서 장신구들과 무기를 쫙 펼쳐 보였어요. 공주들은 반짝반짝 빛나는 보석과 화려한 비단에 마음을 빼앗겼어요. 그런데 딱 한 명의 공주만이 혼자 무기를 들여다보고 있었어요. 바로 여자로 변장한 아킬레우스였지요. 오디세우스는 단번에 아킬레우스를 찾아내고 말았어요.

'이 사람이 바로 아킬레우스군!'

오디세우스는 아킬레우스에게 그리스 연합군이 되어 전쟁에 나가자고 설득했어요. 오디세우스의 이야기를 들은 아킬레우스가 말했어요.

"어머니의 간곡한 부탁 때문에 이렇게 숨어 있었지만, 사실 나는 보다 넓은 세상에 나가서 내 능력을 마음껏 펼쳐 보이고

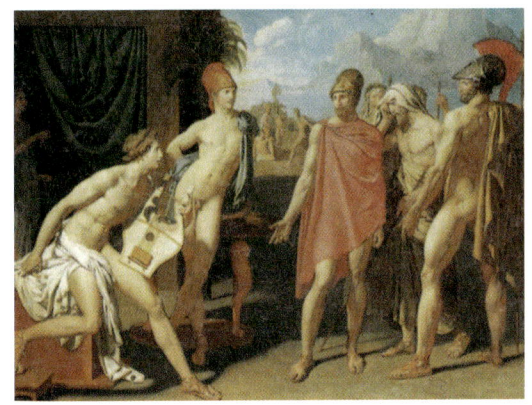

아킬레우스를 찾아온 아가멤논의 심부름꾼

아가멤논은 자신과 다투고 전장을 떠난 아킬레우스의 마음을 돌려놓기 위해 심부름꾼을 보냈다. 도미니크 앵그르의 작품이다.

싶었습니다. 전쟁에 참여하도록 하지요."

이 사실을 알게 된 테티스 여신은 아들의 죽음이 두려워 어떻게든 아킬레우스의 마음을 돌려놓으려 했어요. 하지만 아킬레우스는 자신의 뜻을 굽히지 않았어요.

트로이 전쟁에 출전한 아킬레우스는 연합군 총사령관인 아가멤논과 의견이 맞지 않아 참전을 포기하고 잠시 전장을 떠나기도 했어요. 하지만 자신의 친구였던 파트로클로스가 아킬레우스의 갑옷을 입고 대신 전투에 나갔다가 트로이의 총사령관 헥토르에게 죽임을 당하고 말았어요. 아킬레우스는 몹시 슬퍼하며 친구의 복수를 위해 다시 전쟁터로 돌아와 자신의 친구를 죽게 만든 헥토르의 목숨을 끊었어요.

트로이의 함락을 위해 열심히 싸우던 아킬레우스는 트로이의 성문까지 돌격해 들어갔어요. 이를 본 아폴론이 트로이의 왕자이자 이 전쟁의 원인 제공자인 파리스에게 말했어요.

> **아킬레스건**
>
> 아킬레우스는 우리에게는 아킬레스라고 더 많이 알려져 있지요. 오늘날 아킬레스건이라고 하면 매우 치명적인 약점, 혹은 유일한 약점을 뜻하는 말로 쓰여요. 아무리 완벽하게 준비하더라도 자신이 모르는 어떤 약점이 있을 수 있지요. 그러니 무슨 일을 하더라도 항상 준비하고, 절대 자만하지 않는 겸손한 태도를 지녀야겠지요. 또한 아킬레우스의 신화에서 유래하여 사람의 발뒤꿈치뼈에 있는 힘줄을 '아킬레스건' 혹은 '아킬레스 힘줄'이라고 불러요. 이곳을 다치면 제대로 걷기 힘들다고 하니, 아킬레스건이란 이름이 왜 붙었는지 알 수 있지요.

"지금 아킬레우스가 성문 앞까지 쳐들어왔으니 그를 향해 화살을 쏘아라."

파리스는 아폴론의 명령대로 화살을 쏘았어요. 사실 파리스는 그렇게 뛰어난 활 솜씨를 가진 편이 아니었어요. 그런데 이게 무슨 일일까요? 파리스가 쏜 화살이 아킬레우스를 명중시킨 거예요. 그것도 유일한 약점인 발뒤꿈치를 말이에요. 아킬레우스는 결국 파리스의 화살에 맞아 숨을 거두고 말았어요.

"아킬레우스는 매우 뛰어난 전사였습니다. 우리는 엄청난 인재를 잃은 것이오."

그리스 연합군은 아킬레우스의 죽음을 슬퍼하며 성대한 장례식을 치러 주었어요. 전쟁에 나가면 명예를 얻되 목숨을 잃는다는 예언이 맞아 떨어진 것이에요.

활 솜씨가 썩 좋지 않던 파리스가 아킬레우스의 발뒤꿈치를 정확히 맞히다니 참 놀라운 일이에요. 아마 아폴론이 화살의 방향을 살짝 바꾼 것은 아니었을까요?

파리스의 사과로 빚어진 그리스와 트로이의 전쟁은 무려 10년간이나 계속되었어요. 그리고 트로이 전쟁이 이렇게 오래

걸린 이유는 양쪽의 전력이 팽팽한 이유도 있었지만 올림포스의 신들도 양편으로 나누어져 있었기 때문이에요.

파리스의 심판이 부당하다고 생각했던 헤라와 아테나 그리고 포세이돈은 그리스 편을 들었고, 아프로디테와 아프로디테를 좋아했던 아레스는 트로이 편을 들었어요. 그리고 제우스와 아폴론은 중립을 지키는 척하면서 이쪽저쪽을 번갈아 가며 기분 내키는 대로 편을 들었어요. 때로는 자기가 편드는 쪽에 사기를 북돋우기도 하고 때로는 다 죽어 가는 용사를 살려 내기도 했어요. 때로는 아킬레우스 같은 전사를 죽게 만들었지요. 결국 아킬레우스도 아폴론의 장난에 의해 결국 장렬한 죽음을 맞이한 것이지요.

트로이 목마의 비밀

트로이 전쟁에는 수많은 영웅들이 참가했어요. 그리스 연합군에는 미케네 왕 아가멤논과 아킬레우스, 오디세우스, 아이아스 등이 버티고 있었어요. 트로이 역시 헥토르, 아이아네스와 같은 용맹한 장군들이 있었지요. 게다가 올림포스의 신들까지 끼어들었으니 전쟁은 점점 복잡해져만 갔어요.

그리스는 비록 아킬레우스를 잃었지만 여전히 유리한 위치에 있었어요. 하지만 그리스의 계속되는 공격에도 불구하고 트로이의 성문은 좀처럼 열리지 않았어요. 그리스의 병사들은 점점 지쳐만 갔어요. 그때 오디세우스가 입을 열었어요.

"저에게 좋은 계획이 하나 있습니다."

오디세우스는 자신의 계획을 여러 사람들에게 말했어요.

"오호라! 그거라면 트로이를 물리칠 수 있겠군!"

오디세우스의 계획을 들은 그리스 병사들은 손뼉을 치며 감탄했어요. 그리스 연합군은 즉시 작전을 펼칠 준비를 시작했어요. 일단 커다란 목마를 만들어 그 안에 병사들을 잔뜩 집어넣었어요. 그리고 목마를 남겨 두고 후퇴하는 척하고 근처의 섬에 숨어 있었어요. 그리스군이 철수하는 장면을 지켜보던 트로이군은 승리에 들떠 외쳤어요.

"그리스 군사들이 철수하고 있습니다! 우리 트로이가 드디어 전쟁에서 승리했어요!"

성에서 밖을 감시하고 있던 트로이 병사들은 그리스 병사들이 물러간 줄 알고 환호성을 지르며 기뻐했어요.

"그리스가 남겨 두고 간 이 목마는 승리를 기념하기 위해 성 안으로 가져갑시다."

"아니, 도대체 뭘 믿고 저걸 가져가자는 말이요?"

트로이 사람들은 목마를 어떻게 해야 할지 의논했지만, 좀처럼 결정이 나지 않았어요.

이때 예언자 카산드라는 목마 안에 그리스 병사들이 숨어 있다는 것을 눈치챘어요. 그래서 트로이 병사들을 향해 큰소

> **트로이의 목마**
>
> 트로이의 목마는 겉으로는 괜찮아 보이지만 실제로는 파멸에 이르게 하는 존재, 혹은 외부의 요인이 내부를 무너뜨린다는 의미로 쓰여요. 그래서 서양에는 '그리스인의 선물을 조심하라'는 속담도 있지요. 또 '트로이의 목마'라는 컴퓨터 바이러스도 있어요. 어떤 일을 할 때 겉보기에 좋다고 다 좋은 것은 아니니, 잘 살펴보고 해야겠지요.

리로 외쳤어요.

"여러분, 절대 목마를 들여놓으면 안 됩니다. 만약에 목마를 들여놓는다면 트로이는 전쟁에 패해 멸망하고 말 것입니다. 제 말을 믿어 주셔야 합니다."

카산드라는 애원하듯 사람들을 향해 말했지만 설득력을 잃어버린 그녀의 예언에 아무도 귀를 기울이지 않았어요. 카산드라는 닥쳐올 트로이의 멸망을 알고도 어쩔 수가 없었어요.

이때 그리스 병사 한 명이 잡혀 왔어요. 잡혀 온 병사는 이렇게 말했어요.

"저는 시논이라는 사람입니다. 오디세우스의 미움을 사는 바람에 함께 돌아가지 못했지요. 목마는 그리스 병사들이 고향으로 돌아가면서 아테나 여신에게 바친 선물입니다."

"그 말을 우리가 어떻게 믿지? 그럼 목마가 왜 저렇게 큰지 설명해 보시오."

그러자 시논은 당황하지 않고 말했어요.

"전쟁에 지고 돌아가니 아테나 여신은 분명 분노할 것입니다. 목마를 만들지 않으면 여신의 노여움을 가라앉게 할 길이 없다 하여 만들었습니다. 그리고 목마가 이렇게 큰 이유는, 목마가 트로이군의 수중에 들어가면 트로이군이 전쟁에서 이길 것이라는 예언이 있었기 때문입니다. 그래서 성안으로 끌고 가지 못하도록 크게 만든 것입니다."

라오콘

트로이 목마를 성안으로 들어서는 안 된다고 주장하던 라오콘이 아들과 함께 거대한 뱀에게 고통당하고 있는 모습을 그리고 있다. 엘 그레코의 작품이다.

　시논의 말을 들은 트로이 사람들은 좋은 쪽으로 해석하고 싶은 마음에 의심을 거두고 목마를 성안으로 들여놓기로 했어요. 그러나 사실 시논은 트로이군의 의심을 없애기 위해 그리스군이 남겨 놓고 간 군인이였어요. 트로이의 사제 라오콘과 공주이자 예언자인 카산드라는 목마에 그리스 병사들이 숨어 있다는 사실을 눈치채고 반대했지만, 사람들은 그들의 말을 듣지 않았어요. 게다가 바다에서 갑자기 커다란 뱀이 나타나 라오콘과 라오콘의 두 아들의 몸을 칭칭 감아 죽여 버렸어요. 그러자 사람들은 이것이 신의 계시라고 생각하여 시논의 말이 진짜라고 확신하게 되었어요.

　"라오콘은 목마를 비웃은 벌을 받은 거야!"

불길에 휩싸인 트로이

트로이가 전쟁에서 패하던 날 밤, 그리스 군사들은 트로이 곳곳에 불을 지르며 승리를 축하했다. 트로이의 왕자 아이네이아스가 늙은 아버지를 업고 트로이를 탈출하고 있다. 피테르 브뢰겔의 작품이다.

"그것 봐! 신은 우리 편이야. 이제 목마만 안으로 들여놓으면 승리는 완전히 우리 것이라고!"

트로이 사람들은 더 생각할 겨를도 없이 목마를 성안으로 들여놓고 승리를 축하하는 성대한 잔치를 벌였어요. 10년 만에 맞이한 평화에 사람들은 신이 나서 어쩔 줄 몰랐지요. 새벽이 되자 승리에 들뜬 사람들은 모두 술에 곯아떨어졌어요. 이때 목마 안에 숨어 기회를 엿보고 있던 그리스 군사들이 시논의 신호를 받고 밖으로 나와 트로이 성문을 열었어요. 근처의 섬에서 기다리던 나머지 군사들도 모두 트로이의 성으로 들이닥쳤어요. 그리스 군사들은 아무것도 모른 채 곤히 잠들어 있던 트로이 군사들을 죽이고, 성안의 이곳저곳을 불태워 버렸어요. 10년 동안 계속되었던 기나긴 전쟁은 이렇게 트로이가 아닌 그리스의 승리로 끝났어요. 그리고 카산드라의 예언대로 트로이는 전쟁에 패해 멸망하고 말았어요.

역사를 만든 상인, 슐리만

독일에서 태어난 하인리히 슐리만에겐 평생소원이 있었어요. 바로 신화 속의 트로이 전쟁이 사실이라는 것을 밝혀내는 일이었지요. 그는 어린 시절 아버지가 사다 준 트로이 전쟁에 관한 책을 읽고 트로이 전쟁이 사실일 것이라고 믿었어요.

그래서 사업가로 돈을 많이 번 슐리만은 그 돈으로 연구를 시작했고, 트로이 유적 발굴에 성공하여 세상을 깜짝 놀라게 하였어요. 트로이 전쟁이 신화 속의 이야기만이 아닌 역사적 사실이라는 것을 증명한 거예요. 아마추어 고고학자의 열정이 고고학계를 뒤흔든 일대 사건을 만든 것이지요. 또한 그는 미케네 문명의 유적을 발굴하여 그리스 이전의 고대 문명인 크레타, 에게 문명 연구에도 큰 도움을 주었어요. 지금 트로이는 세계에서 가장 널리 알려진 신화의 장소이자 가장 유명한 고고학 유적지가 되었어요.

오디세우스의 고난

트로이 전쟁의 영웅 오디세우스는 승리의 기쁨을 만끽하며 배를 타고 고향을 향해 돌아가고 있었어요. 하지만 고향으로 돌아가는 길은 멀고 험난했어요. 부하들과 함께 항해를 계속하던 오디세우스는 어느 날 잠시 쉬어 가기 위해 눈에 보이는 육지에 닻을 내렸어요. 그런데 그곳은 키클롭스족이 다스리는 곳이었어요. 키클롭스족은 외눈박이 거인들이었어요.

오디세우스 일행은 그만 그곳에서 외눈박이 거인 폴리페모스에게 붙잡혀 동굴에 갇혔어요. 외눈박이 거인 폴리페모스는 동굴에 갇힌 오디세우스의 부하들을 하나씩 잡아먹었어요.

오디세우스 일행은 이제 모두 잡아먹히게 되었지요. 살아 나갈 방법을 궁리하던 오디세우스는 좋은 방법을 떠올렸어요. 그래서 폴리페모스가 외출한 사이를 틈타, 부하들을 시켜 동굴

안에 있던 통나무를 깎아 뾰족한 말뚝을 만들게 했어요. 폴리페모스가 돌아오자, 오디세우스는 미리 준비한 술을 잔뜩 먹여 기분 좋게 만들었어요. 술에 취한 폴리페모스가 긴장을 풀고 오디세우스의 이름을 물었어요. 오디세우스가 대답했어요.

"내 이름은 우티스요."

이때 오디세우스는 자신의 이름을 바꾸어 말했어요. '우티스'는 '아무것도 아니다'라는 말이었어요. 폴리페모스가 곯아떨어지자, 오디세우스 일행은 낮에 만들어 둔 말뚝으로 폴리페모스의 외눈을 힘껏 찔렀어요.

"으악, 내 눈! 살려 줘!"

폴리페모스의 비명을 들은 동료 키클롭스족이 달려왔어요.

"아니, 도대체 누가 네 눈을 이렇게 찌른 거야?"

"우티스, 우티스!"

폴리페모스는 고통에 몸부림치며 다급하게 외쳤어요. 하지만 동료들이 듣기에는 "아무 것도 아니야, 아무것도 아니야"로만 들렸어요. 그래서 몇 번을 물어보다가 자꾸 아무것도 아니라고 하니 그냥 돌아가 버리고 말았어요. 오히려 키클롭스족은 폴리페모스가 약간 어떻게 되어서 자꾸 이상한 소리를 한다고 생각했어요. 결국 폴리페모스는 우티스만 외치다가 그만 장님이 되고 말았지요. 폴리페모스가 장님이 되니 오디세우스 일행은 쉽게 탈출에 성공할 수 있었어요. 하지만 오디세우스

포세이돈과 해왕성

바다의 신 포세이돈은 제우스 바로 다음가는 신이에요. 제우스, 하데스와는 형제지간이지요. 포세이돈은 커다란 삼지창을 들고, 황금빛 갈기를 휘날리는 말들이 이끄는 마차를 타고 바다 위를 달리곤 했어요. 포세이돈을 영어로는 넵튠이라고 하는데, 태양계의 여덟 번째 행성 해왕성 역시 넵튠(Neptune)이라고 불러요. '해왕(海王)'은 즉 '바다의 왕'이라는 뜻이에요. 해왕성이 바다의 영롱한 청록색 빛을 띠고 있다고 해서 포세이돈의 이름을 붙인 것이지요. 해왕성은 트리톤, 네레이드 등 수많은 위성을 거느리고 있는데, 이 위성들의 이름 역시 포세이돈과 관련이 있어요.

가 모르고 있던 사실이 있었으니, 폴리페모스가 바다의 신 포세이돈의 아들이라는 것이었어요. 장님이 된 폴리페모스는 나중에 그가 바로 오디세우스라는 것을 알고 아버지 포세이돈에게 복수를 부탁했어요. 아들의 이야기를 들은 포세이돈은 복수를 결심했어요. 이때부터 포세이돈의 노여움을 산 오디세우스의 항해 길은 온갖 험난한 장애물이 버티고 있었어요. 이 모든 것이 다 포세이돈의 아들을 장님으로 만들어 노여움을 산 대가였어요.

오디세우스 일행이 겨우 키클롭스가 사는 섬에서 빠져나와 바람의 지배자 아이올리스가 사는 섬 가까이 이르자 그만 역풍이 불기 시작했어요. 이 역풍으로 인해 오디세우스 일행의 배는 계속 뒤로 밀려, 왔던 길을 다시 되돌아가게 되었어요. 그리고 키르케가 사는 섬에서는 마법에 걸려 돼지로 변할 뻔했어요. 뿐만 아니라 바다의 요정 사이렌이 사는 섬을 지날 때는 사이렌의 노래에 홀려 물에 빠져 죽을 뻔하기도 했어요. 사이렌은 말이 요정이지, 아름다운 노랫소리로 사이렌 섬을 지나는 사람을 노래로 홀리곤 했어요. 노래에

오디세우스와 사이렌

바다의 요정 사이렌이 오디세우스 일행을 노래로 홀리고 있다. 배의 돛대에는 오디세우스가 밧줄로 꽁꽁 묶여 있다. 덕분에 오디세우스는 사이렌을 피해 무사히 빠져나갈 수 있었다. 제임스 드레이퍼의 작품이다.

오디세우스와 나우시카

거지꼴이 된 오디세우스 일행이 스케리아 섬의 나우시카 공주의 도움을 받는 장면을 그리고 있다. 피테르 라스트만의 작품이다.

홀려 섬에 오른 사람은 죽을 때까지 계속 노랫소리를 들어야 했어요. 그래서 오디세우스는 돛대에 자기 몸을 꽁꽁 묶어 움직이지 못하게 하여 그곳을 빠져나올 수 있었지요. 겨우 사이렌이 사는 섬을 빠져나오자마자 이번에 만난 장애는 바로 스킬라와 칼립디스라는 두 괴물이 사는 해역이었어요.

스킬라 괴물은 하체는 인간 여자의 몸이고 머리는 여섯 마리의 뱀으로 이루어져 있어요. 스킬라는 처음부터 괴물은 아니었어요. 스킬라는 괴물이 되기 전 아름다운 여자였어요. 아름다운 미모 때문에 글라우코스 신의 사랑을 받았지요. 하지만 글라우코스 신을 짝사랑하고 있던 마녀 키르케가 자신의 사랑을 빼앗길까 봐 질투심에 스킬라에게 독약을 먹여 괴물로 만들어 버렸어요. 이때부터 괴물이 된 스킬라는 섬 동굴 앞을 지나가는 뱃사람들을 닥치는 대로 잡아먹었어요.

그리고 칼립디스 괴물은 스킬라가 사는 동굴 맞은편에 살았는데, 엄청난 양의 바닷물을 들이마시고 내뱉으면서 거대한 소용돌이를 일으키는 괴물이었어요. 이 괴물의 소용돌이에 말려들면 아무리 큰 배라도 견디지 못하고 침몰해 버렸어요. 그래서 많은 배들이 스킬라가 사는 섬을 피하려다가 칼립디스의 거대한 파도에 빨려 들어가고, 칼립디스를 피하려다가는 스킬라에게 잡아먹히고 말지요.

오디세우스 역시 거대한 칼립디스의 소용돌이를 피하려고 온 신경을 곤두세우고 있는 사이, 순식간에 스킬라가 나타나 부하 여섯 명을 물고 가 버렸어요. 잠깐의 방심으로 부하들이 스킬라의 입속으로 들어가는 것을 오디세우스는 가만히 지켜볼 수밖에 없었어요.

부하 여섯 명을 잃고 겨우 스킬라와 칼립디스 사이를 벗어난 오디세우스 일행은 태양신 헬리오스 섬에 도착하여 몸을 추스르고 떠나려다가, 그곳에 있는 소를 잡아먹는 바람에 헬리오스의 미움을 받았어요. 그래서 오디세우스 일행이 섬을 출발하자마자 번개가 치면서 배가 부서지고 말았어요. 구사일생으

> **스킬라와 칼립디스 사이**
>
> 신화 속 오이디푸스처럼 이러지도 저러지도 못하는 진퇴양난의 상황을 두고 '스킬라와 칼립디스 사이'라고 해요. '호랑이 굴에 잡혀 들어가도 정신만 차리면 산다'는 속담이 있지요? 이처럼 진퇴양난의 상황에 놓이더라도, 정신만 차리면 반드시 해결 방법을 찾을 수 있을 거예요.

> ### 호메로스의 『일리아스』 그리고 『오디세이아』
>
> 호메로스는 헤시오도스와 같이 고대 그리스의 서사 시인이에요. 트로이 전쟁과 그 이후의 이야기를 다룬 서사시 『일리아스』와 『오디세이아』라는 두 작품을 남겼어요. 『일리아스』는 트로이 전쟁에 관한 내용을 주로 다루고 있고, 『오디세이아』는 트로이 전쟁에 승리한 오디세우스가 고향으로 돌아오면서 겪는 갖가지 모험에 관한 이야기예요.
> 호메로스의 작품은 그리스뿐만 아니라 유럽에서 가장 오래된 문학 작품이기도 해요. 트로이 유적 발굴에 결정적인 역할을 했던 독일의 하인리히 슐리만이 읽었던 트로이 전쟁에 관한 책도 호메로스의 서사시를 바탕으로 한 것이에요.

로 살아남긴 했지만 오기기아 섬에서 7년 동안이나 발이 묶여 고향으로 돌아가지 못했어요.

올림포스의 신들은 아무리 오디세우스가 포세이돈에게 미움받을 짓을 했다 하더라도 이건 너무 가혹하니 이제 오디세우스를 고향으로 보내 주자고 말했어요. 그래서 오디세우스는 겨우 섬을 출발할 수는 있었지만, 여전히 화가 풀리지 않은 포세이돈에 의해 뗏목이 산산조각이 나고 말았어요. 그래서 오디세우스는 또 바다에서 떠돌다가 스케리아 섬에 도착하게 됐어요. 그곳에는 파이아케스인들이 살고 있었어요. 그곳에서 오디세우스는 스케리아의 공주 나우시카에게 자신의 모험담 이야기를 들려주었어요. 그 이야기에 감동받은 나우시카 공주와 파이아케스인들

의 도움으로 오디세우스는 드디어 고향에 도착하게 되요. 하지만 마지막까지 포세이돈의 분노는 풀리지 않았어요. 그래서 포세이돈은 오디세우스를 무사히 고향에 돌려보내 준 파이아케스인들의 배를 바위로 만들어 버렸어요.

집으로 돌아온 오디세우스

트로이 전쟁에 참여한 오디세우스가 집으로 돌아오지 못하고 기나긴 여행을 하는 동안, 고향에서 기다리던 아내 페넬로페는 많은 봉변을 당했어요. 하지만 남편이 반드시 살아서 돌아올 것이라 믿으며 기다리고 있었어요. 그러나 왕궁에는 오디세우스가 죽었다며 수많은 청혼자들이 몰려왔어요. 페넬로페와 결혼만 하면 왕의 자리를 차지할 수 있었으니까요. 그들의 속셈을 알고 있던 페넬로페가 아무리 돌려보내려 해도 그들은 꿈쩍하지 않았어요.

'어떻게 해야 저 사람들을 물리칠 수 있을까?'

오디세우스의 자리를 노리는 청혼자들의 끈질긴 괴롭힘에 지친 페넬로페는 고민에 빠졌어요. 한참 동안 생각하던 그녀는 청혼자들을 불러 놓고 이렇게 말했어요.

"홀로 남은 시아버지가 얼마나 쓸쓸하시겠습니까? 시아버지

등불 곁에서 천을 푸는 페넬로페

오디세우스의 아내 페넬로페가 등불 아래에서 낮 동안 짰던 천을 다시 풀고 있는 모습을 그렸다. 조지프 라이트의 작품이다.

의 수의라도 마련해 드려야 제 마음이 놓일 것 같습니다. 수의를 다 짤 때까지만 기다려 주시지요."

그때부터 페넬로페는 부지런히 베를 짜기 시작했어요. 하지만 밤이 되면 낮 동안 열심히 짠 베를 몽땅 풀어 버렸어요. 그렇게 베를 짜고, 풀고를 반복하며 시간을 벌었어요. 하지만 3년째가 되자 그녀의 거짓말이 들통 나고 말았어요.

> **페넬로페의 베 짜기**
>
> 페넬로페가 베를 짰던 이유는 구혼자들을 물리치고 오디세우스를 기다릴 시간을 벌기 위해서였어요. 그녀가 할 수 있는 가장 지혜로운 방법인 셈이었지요. 하지만 오늘날 '페넬로페의 베 짜기'는 쉴 새 없이 해도 끝나지 않는 일, 혹은 아무리 해도 진전이 없는 일 등을 뜻하는 고사성어로 쓰여요.

"3년 동안 우리를 속였단 말인가! 무슨 수의를 3년씩이나 짜도 다 못 짰단 말이오!"

사실을 알게 된 청혼자들은 화를 내며 페넬로페를 몰아붙였어요. 결국 그녀는 어쩔 수 없이 새로운 남편감을 선택해야만 했어요.

"거짓말을 들켜 버렸으니 이젠 어쩔 도리가 없구나. 남편은 언제야 오는 것일까?"

궁지에 몰린 페넬로페는 오디세우스를 그리워하며 탄식했어요.

한편 오디세우스는 드디어 아내 페넬로페가 있는 고향에 도착했어요. 기뻐하며 당장 왕궁으로 가려는 그의 앞에 지혜의

여신 아테나가 나타나 말했어요.

"지금 왕궁에는 그대의 아내와 결혼하려는 청혼자들이 넘쳐나고 있네. 설불리 왕궁에 갔다간 청혼자들로부터 죽임을 당하고 말 것이야."

아테나의 말을 들은 오디세우스는 사태의 심각성을 인식하고 옛날 자신에게 충성을 바쳤던 돼지치기 에우마이오스를 찾아갔어요. 마침 그때 오디세우스의 아들 텔레마코스가 에우마이오스를 보러 왔어요. 그렇게 오디세우스는 아들과 신하를 만나게 되었어요.

아테나 여신은 오디세우스를 거지로 변장시켜 주었어요. 거지가 된 오디세우스는 왕궁으로 갔어요. 페넬로페는 거지가 자신의 남편인 줄은 꿈에도 모른 채, 성대한 대접을 해 주었어요. 그리고 그 옛날의 남편을 그리며 날이 밝자, 페넬로페는 활쏘기 대회를 열었어요. 그녀는 활 하나를 내보이며 말했어요.

"이 활로 표적의 구멍을 꿰뚫는 자가 제 남편이 될 것입니다."

하지만 그 활은 너무나 강했기 때문에, 도전자들은 화살을 제대로 당길 수조차 없었어요. 단 한 사람, 거지로 변장한 오

멘토(mentor)란 말의 어원

멘토(mentor)는 영어로 '스승'이라는 뜻이에요. 그리스 신화의 '멘토르'라는 사람 이름에서 유래된 말이지요. 멘토르는 오디세우스의 친구였어요. 오디세우스는 트로이 전쟁에 참가하기 위해 떠나면서, 멘토르에게 아들 텔레마코스를 잘 길러줄 것을 부탁했지요. 멘토르는 오디세우스가 돌아올 때까지 아주 오랜 세월 동안, 친구의 아들 텔레마코스를 잘 돌보며 가르쳤어요. 이때부터 그의 이름은 현명하고 성실한 조언을 하는 사람, 스승이라는 뜻을 지니게 되었어요.

오디세우스와 페넬로페

오디세우스가 거지로 변장하고 페넬로페와 만나는 모습을 그렸다. 페넬로페는 아직 눈앞의 사람이 남편 오디세우스라는 사실을 모르고 있는 듯하다. 빌헬름 티슈바인의 작품이다.

디세우스만 빼고 말이지요. 오디세우스는 화살을 쏘아 가볍게 열두 개의 구멍을 꿰뚫었어요. 그 활은 고향을 떠나기 전 오디세우스가 사용하던 것이었지요.

표적을 모두 맞힌 오디세우스는 아들 텔레마코스와 함께 그동안 아내를 괴롭혀왔던 청혼자들을 향해 날카로운 화살을 날렸어요. 화살을 맞은 청혼자들은 픽픽 땅바닥에 쓰러지고 말았어요.

"오디세우스!"

드디어 오디세우스가 돌아왔다는 사실을 알게 된 페넬로페가 감동의 눈물을 흘렸어요. 제 모습으로 돌아온 오디세우스는 그녀를 따뜻하게 안아 주었어요.

고르디우스의 매듭과 알렉산더 대왕

고르디우스는 소아시아 프리기아 지방에 사는 농부였어요. 그는 그 당시 흔치 않은 바퀴가 두 개 달린 이륜마차를 가지고 있었어요. 손재주가 좋았던 그는 어느 날 이륜마차를 사륜마차로 고치기로 마음먹었어요. 그래서 집 안에서 며칠을 뚝딱거리며 바퀴가 네 개 달린 사륜마차를 만들었어요. 이웃 사람들은 고르디우스의 솜씨에 놀라움을 금할 수 없었어요. 사륜마차를 손수 완성한 고르디우스도 기분이 좋아서 가족들에게 말했어요.

"사륜마차를 만든 기념이오. 모두 이 마차를 타고 나들이라도 갑시다."

고르디우스는 아내와 자식을 마차에 태우고 오랜만에 들판을 떠나 사람들이 모여 사는 성안으로 나들이를 갔어요. 마차를 타고 한참을 간 끝에 고르디우스는 성으로 들어가는 입구에

다다랐어요. 하지만 수레가 성안으로 들어서려는 순간 그만 입구에서 가로막히고 말았어요. 영문을 모르는 고르디우스는 자신이 잘못한 것도 없는데 왜 앞을 가로막느냐며 병사들에게 따졌어요. 잠시 후에 고르디우스 앞에 왕국의 대신들이 나타났어요. 그리고는 이렇게 말했어요.

"성 나들이를 막아서 미안합니다. 하지만 국가의 대사를 결정하는 중요한 일이니 우리 말을 들어주어야 합니다."

고르디우스는 높으신 분들이 나타나 이유를 설명하자 그들의 말을 들을 수밖에 없었어요. 신하들은 말을 이어갔어요.

"얼마 전 왕께서 전사하신 것은 잘 아시겠지요? 또한 왕의 뒤를 이을 왕자님이 없다는 것도 아마 아시고 계실 것입니다. 저희들은 비어 있는 왕좌에 누굴 올려야 할지 의논을 하다가 이렇게 정했습니다. 사륜마차를 타고 제일 먼저 성안으로 들어오는 사람을 왕으로 모시자고 말이지요. 그리고 그 결정을 한 후 당신께서 첫 번째로 사륜마차를 타고 성으로 들어오는 사람이 되었습니다. 그러니 부디 프리기아의 왕이 되어 주시기 바

> **고르디우스의 매듭**
>
> 대담한 방법을 써야만 풀 수 있는 문제나 아주 복잡하여 풀기 어려운 문제라는 의미의 고사성어로 쓰이고 있어요. 아무리 어려운 문제라도 반드시 방법은 있기 마련이에요. 알렉산더 대왕은 고정관념에 얽매이지 않고 스스로 운명을 개척하는 길을 택했어요. 남들이 요구하는 대로 매듭 푸는 방법을 생각하는 것이 아니라, 자신이 원하는 대로 문제를 해결하는 대담한 발상의 전환을 볼 수 있는 것이지요.

랍니다."

고르디우스는 신하들의 말이 너무 어이가 없었어요. 그래서 손사래를 치며 말도 안 되는 소리라고 하였지요. 하지만 신하들은 막무가내였어요. 결국은 신하들의 손에 이끌려 성안으로 들어갔고 이렇게 해서 농부였던 고르디우스는 얼떨결에 프리기아의 왕이 되고 말았어요. 하지만 고르디우스는 신하들의 결정이 틀리지 않았다는 것을 증명이라도 하듯 정말 슬기롭게 왕국을 다스려 사람들이 모두 편안하게 살 수 있도록 했어요. 그렇게 훌륭한 왕으로 나라를 다스리면서 많은 시간이 흘렀어요.

그러던 어느 날, 고르디우스는 수도인 고르디움 안에 있는 신전의 기둥에 자신의 전차를 꽁꽁 동여맸어요. 어찌나 단단하고 복잡하게 묶었는지, 그 매듭을 풀 수 있는 사람은 아무도 없었어요. 그러자 고르디우스는 다음과 같은 예언을 남겼어요.

"이 매듭을 푸는 자가 아시아의 왕이 될 것이다!"

고르디우스의 예언에 따라 그 뒤로 수많은 사람들이 아시아 대륙을 다스리는 왕 자리를 노리며 그 매듭 풀기에 도전을 했어요.

"도대체 어떻게 묶었기에 매듭을 풀 수 있는 방법을 찾을 수가 없군."

많은 도전자들이 나섰지만 모두 두 손 두 발을 들고 말았어요. 그래서 여전히 고르디우스의 매듭은 풀 수 없는 수수께끼로 남아 있었어요. 그러다가 동방 원정을 떠난 알렉산더 대왕이 프리기아를 지나가다가 매듭에 관한 이야기를 듣게 되었어요.

"이곳 프리기아에는 아무도 풀지 못한다는 아주 복잡한 매듭이 있다고 합니다. 그것을 푸는 자는 아시아의 왕이 된다고 하지요. 그리고 수많은 사람들이 그 매듭을 풀기 위해 도전했지만 그 매듭이 얼마나 복잡한지 아직 아무도 그 매듭을 풀지 못했다고 합니다."

"아시아를 정복할 수 있다고? 그럼, 나를 그 신전으로 안내해라."

신전에 도착한 알렉산더 대왕은 매듭을 이리저리 살펴보았어요.

"들은 대로 정말 복잡한 매듭이군."

그리고 알렉산더 대왕은 그 매듭을 한참 내려다보았어요. 주위에 있던 병사들도 모두 궁금해서 숨을 죽이며 두고 보고 있었지요. 정말 긴장되는 순간이었어요. 그 매듭을 풀면 모두의 영웅이 되겠지만 그렇지 못하다면 알렉산더마저 보통 망신을 당하는 순간이 아니었지요. 알렉산더 대왕이 매듭을 풀지 않고 그 앞에 서서 시간만 보내자 구경 나온 사람들이 드디어

알렉산더의 승리

기원전 333년 알렉산더 대왕이 페르시아의 왕 다리우스 3세의 대군을 쳐부순 전투를 그린 그림이다. 알브레히트 알트도르퍼의 작품이다.

웅성거리기 시작했어요.

"알렉산더라고 별 수 있겠어."

"맞아, 저 어려운 걸 어떻게 풀어."

"저걸 풀 수 있는 사람은 저 매듭을 묶은 고르디우스밖에 없을 거야."

얼마의 시간이 흘렀을까, 웅성거림을 뒤로하고 알렉산더 대왕은 무언가 결심한 듯, 칼을 뽑아 들더니 순식간에 매듭의 한가운데를 내리쳤어요. 그 순간 매듭은 싹둑 잘려 나갔어요. 주위에 있던 사람들은 모두 어안이 벙벙해서 멍하니 한참을 서 있었지요. 그리고 뭔가를 깨달은 듯 '과연 알렉산더'라면서 우레와 같은 박수를 보냈어요. 그 뒤 알렉산더는 아시아의 대부분을 정복하여 알렉산더 제국을 건설했어요. 결국 고르디우스의 예언이 맞은 것이지요.

> **알렉산더 대왕과 헬레니즘 문화**
>
> 알렉산더는 마케도니아의 왕으로 서른세 살의 젊은 나이에 병으로 죽었어요. 이른 나이에 죽었지만 이룩한 업적은 아주 대단했어요. 그는 그리스, 페르시아, 인도 등 동서양을 아우르는 대제국을 건설했어요. 그렇게 동서양을 아우르다 보니 동서양이 융합된 새로운 문화가 만들어졌어요. 이 새로운 문화를 바로 헬레니즘 문화라고 하는데 서양의 그리스 문화를 그 바탕으로 동양의 문화가 결합된 새로운 문화이지요. 헬레니즘 문화는 기독교에 근원을 두는 헤브라이즘 문화와 더불어 서양을 지탱하는 양대 문화라고 일컬어져요.

고르디우스의 매듭과 알렉산더 대왕

아탈란타 공주와 달리기 시합

아탈란타 공주는 이아소스 왕과 클리메네 왕비 사이에서 태어났어요. 아들을 원했던 이아소스 왕은 아내가 딸을 낳자 크게 실망하고 말았어요. 얼마나 실망이 컸던지 딸은 필요 없다고 어린 아탈란타를 산속에 버리도록 명령했어요. 다행히 그곳을 지나가던 사냥꾼이 아탈란타를 발견하고 데려다 잘 보살피고 키워 주었어요. 사냥꾼의 손에서 자라난 아탈란타는 나이가 들수록 그 미모가 빼어났을 뿐만 아니라 달리기 실력 또한 누구도 따를 수 없을 정도로 아주 뛰어났어요. 그러다보니 사냥 실력도 여자라고 믿기지 않을 정도로 대단했어요. 웬만한 남자들은 그녀의 달리기 실력과 사냥 실력에 모두 무릎을 꿇었지요.

한번은 아르테미스 여신이 칼리돈의 왕 오이네우스를 벌하기 위해 보낸 거대한 멧돼지를 남자들과 함께 물리치기도 했어요. 아탈란타는 뛰어난 달리기 실력으로 거대한 멧돼지의 추격을 따돌리기로 하고 멧돼지가 도망가면 달리기로 따라잡으면서 화살을 날렸어요. 아탈란타가 날린 화살은 마침내 아주 정확히 멧돼지의 급소를 명중시켰어요.

이런 아탈란타에게 반한 오이네우스의 아들 멜레아그로스는 그녀에게 멧돼지 가죽을 기념으로 주고 싶어 했어요. 그러나 멜레아그로스는 이 일을 두고 외삼촌과 싸우다 그만 목숨을 잃고 말았어요. 거대한 멧돼지를 두고 벌어진 이 사건은 이아소스 왕의 귀까지 들어갔어요.

"아르테미스 여신의 그 엄청난 멧돼지를 잡았단 말인가?"

> **아르테미스**
>
> 올림포스 12신 중 하나로, 달과 사냥의 여신이에요. 아폴론 신의 쌍둥이 누이지요. 로마 신화에서는 디아나라는 이름으로 불려요. 아폴론과 마찬가지로 활을 들고 다니는데, 그녀의 활솜씨는 매우 뛰어났다고 해요. 처녀의 수호신이었던 아르테미스는 평생 결혼하지 않았어요. 그녀를 따라다니는 수많은 요정들 또한 남자를 가까이해서는 안 됐지요. 사냥을 하다 우연히 아르테미스의 목욕 장면을 엿보게 된 악타이온은 아르테미스에 의해 사슴으로 변하고 말았어요. 결국 악타이온은 자신의 사냥개에게 물려 죽고 말았어요.

자신이 버린 자식이 훌륭한 사람으로 자랐다는 이야기를 들은 이아소스 왕은 또 마음이 변해 아탈란타를 산속에 버리라고 할 때는 언제고, 다시 자식으로 받아들였어요. 뛰어난 미모와 능력을 갖춘 아탈란타가 공주가 되자 수많은 남자들이 그녀와 결혼하겠다고 구름처럼 몰려들었어요.

하지만 아탈란타 공주는 결혼하고 싶은 마음이 전혀 없었어

디아나의 사냥

다아나가 요정들과 함께 사냥을 하고 있다. 그녀의 등 뒤로 화살통이 보인다. 이미 한 차례 사냥을 끝냈는지, 발밑에는 사냥한 동물들이 가득하다. 얀 페이트의 그림이다.

요. 사실은 결혼을 하고 싶어도 할 수 없는 처지였어요. 결혼을 하면 동물로 변할 것이라는 신의 예언이 있었기 때문이에요. 고민하던 아탈란타는 남자들의 청혼을 거절할 한 가지 방법을 생각해냈어요. 바로 달리기 경주였지요.

"나와 달리기 경주를 하여 이기는 사람과 결혼하겠습니다. 하지만 지는 사람은 목숨을 내놓아야 할 것입니다."

자신보다 더 빨리 달릴 수 있는 남자는 없을 테고, 지면 목숨을 내놓아야 하니 이렇게 하면 청혼을 할 남자들이 없을 것이라 아탈란타는 생각했어요. 하지만 이런 조건에도 불구하고 아름다운 부인과 부를 한꺼번에 얻고자 죽음을 무릅쓰고 도전을 멈추지 않는 남자들이 있었어요. 물론 그녀를 이긴 사람은 아무도 없었어요. 그래서 수많은 구혼자들이 목숨을 잃었지요.

한편 히포메네스라는 청년 역시 아탈란타를 보고 사랑에 빠졌어요. 하지만 그녀와 달리기 시합을 해서 이길 승산이 없었지요. 결국 그는 자신의 소원을 이루기 위해 사랑과 아름다움의 여신 아프로디테에게 간절히 소원을 빌었어요.

"아프로디테님, 제가 아탈란타 공주를 이겨 그녀와 결혼할 수 있도록 도와주세요. 저는 그녀를 보고 정말 첫눈에 반했어요. 그녀와 결혼하지 못하면 죽을 것 같습니다. 부디 도와주세요."

히포메네스의 기도가 어찌나 간절했던지 아프로디테는 청

년의 기도를 들어주기로 결심했어요. 그래서 아프로디테는 기도를 하고 있는 히포메네스의 눈앞에 나타났어요. 아프로디테는 깜짝 놀라는 히포메네스에게 황금 사과 세 개를 건네주며 말했어요.

"너에게 황금 사과 세 개를 줄 테니 아탈란타 공주에게 달리기 경주를 신청하여라. 단 반드시 황금 사과 세 개를 가지고 시합에 나가야 한다. 그리고 공주와 시합을 하면서 하나씩 뒤로 던지도록 해라."

"네, 잘 알겠습니다."

황금 사과를 건네받은 히포메네스는 아탈란타 공주에게 달리기 시합을 신청했어요. 경주에 나온 아탈란타 공주는 히포메네스를 보자 마음이 살짝 흔들렸어요. 지금까지 본 그 어떤 청년보다 마음에 들었거든요. 하지만 신의 예언 때문에 결혼을 받아들일 수는 없었어요. 경주가 끝나면 청년이 목숨을 잃을 것을 생각하니 마음이 아팠지요.

시합은 시작되었어요. 이를 악물고 열심히 뛴 히포메네스는 간신히 아탈란타 공주보다 앞설 수 있었어요. 하지만 잔뜩 지친 히포메네스와 다르게, 아탈란타는 매우 여유 있는 표정이었어요.

"이제 속도를 내볼까? 아니야 좀 더 앞서 가도록 내버려 둘까?"

아탈란타와 히포메네스

아탈란타와 히포메네스의 달리기 경주를 그린 그림이다. 아탈란타가 황금 사과를 줍는 사이 히포메네스가 재빨리 달려가고 있다. 구이도 레니의 그림이다.

사실 아탈란타는 청년의 죽음이 안타까워 아직 제 속도를 내지 않고 있었어요. 갈등하던 아탈란타 공주는 마침내 결정을 내렸어요. 아무리 그래도 청년과 결혼할 수는 없다고 말이에요. 그래서 이제 속도를 내어 달리려고 마음을 먹었어요.

이때 아탈란타가 제 속도를 내려는 것을 보고 다급해진 히포메네스는 재빨리 황금 사과 하나를 뒤로 던졌어요. 히포메네스를 따라 잡으려던 아탈란타는 반짝거리는 황금 사과를 보고 저도 모르게 멈추어 서고 말았어요.

"아, 정말 아름다운 사과구나."

아프로디테 여신이 아탈란타 공주가 황금 사과를 보면 마음을 빼앗기도록 이미 손을 써놓은 거예요. 아탈란타는 자신도

그리스 신화 혹은 그리스로마 신화

고대 로마는 당시 최고의 강대국이었어요. 여러 나라를 지배하고 있었기 때문에 로마 제국이라고 불렸지요. 그리스 땅도 지배하게 된 로마는 그리스의 선진 문화를 접하게 되었어요. 그래서 로마인들은 뛰어난 그리스 문화를 받아들였지요. 그중엔 그리스 신화를 다룬 문학도 포함되어 있었어요.

그리스 신화를 받아들여 로마 신화와 자꾸 접목시키다 보니 어느새 로마 고유의 신들이 점점 그리스 신화의 신들과 비슷해져 갔어요. 그러다가 결국 로마 신과 그리스 신을 서로 같은 신으로 보게 되었지요. 그리스 신화의 제우스는 로마 신화의 유피테르, 포세이돈은 넵투누스, 아프로디테는 비너스 등으로 불리게 되었어요. 그래서 같은 신인데 신들마다 그리스식 이름과 로마식 이름이 따로 있게 된 것이지요. 지금은 이 둘을 합하여 그리스로마 신화라 불러요. 로마의 언어인 라틴어가 세계에 널리 알려지다 보니 그의 영향을 받은 영어도 대부분 라틴어를 많이 받아들여서 신들 이름도 로마식 이름에 어원을 두고 있는 것이 많게 되었어요.

모르게 황금 사과를 주워 들었어요. 그 동안 히포메네스는 젖 먹던 힘까지 짜내어 아탈란타와 거리를 좀 더 벌릴 수 있었어요. 하지만 그것도 잠시, 뒤를 돌아본 히포메네스는 깜짝 놀라고 말았어요.

'방금 전까지만 해도 엄청 차이가 났는데, 언제 이렇게 빨리 따라온 거지?'

히포메네스는 두 번째 황금 사과를 던졌어요. 또 아름다운 사과를 모른 척할 수 없었던 아탈란타는 이번에도 사과를 줍느라 잠시 멈추었어요. 히포메네스가 던진 세 번째 황금 사과도 예외는 아니었어요. 공주가 세 번이나 주춤거리는 사이, 히포메네스는 먼저 결승점을 통과했어요. 제아무리 빠른 아탈란타 공주라 해도, 세 번이나 멈춰서 사과를 줍느라 시간이 너무 지체되고 만 것이에요. 그렇게 히포메네스는 아탈란타 공주와 결혼할 수 있었어요.

아탈란타는 신의 예언이 두려웠지만 약속은 약속인지라 결혼을 받아들였어요. 이렇게 결혼한 두 사람은 어려웠던 과정만큼 그 사랑도 뜨거웠어요. 하지만 사랑에 눈먼 두 사람은 그만 깜빡하고 아프로디테의 신전에서 밤을 보내고 말았어요. 성스러워야 할 신전에서 밤을 보냈다는 사실에 화가 난 아프로디테는 신을 모독한 죄로 두 사람 모두를 사자로 변하게 했어요. 결국 아탈란타가 들었던 신의 예언대로 동물로 변하고 만 것이지요.

백만 엄마들의 가슴을 뛰게 만든 바로 그 책,
<공부가 되는> 시리즈

- 재미와 호기심을 충족시키며 교과 연계 학습까지 되는 **기초 교양 학습서**
- 연이은 백만 엄마들의 뜨거운 호평, **출간 즉시 베스트셀러 도서**
- 통섭과 융합형 교과서로 **하버드 대학 교수가 추천한 도서**

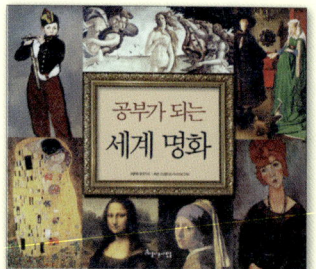

공부가 되는 세계 명화
글공작소 글 | 18,000원

공부가 되는 한국 명화
글공작소 글 | 18,000원

공부가 되는 식물도감
글공작소 엮음 | 37,000원

공부가 되는 그리스로마 신화
글공작소 글 | 12,000원

공부가 되는 별자리 이야기
글공작소 글 | 12,000원

공부가 되는 탈무드 이야기
글공작소 엮음 | 12,000원

공부가 되는 삼국지
나관중 원작 | 장은경 그림 | 12,000원

공부가 되는 유럽 이야기
글공작소 글 | 14,000원

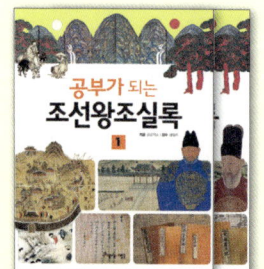

공부가 되는 조선왕조실록 1,2 (전2권)
글공작소 글 | 김정미 감수 | 각 13,000원

공부가 되는 저절로 영단어
다니엘 리 글 | 14,000원

공부가 되는 우리문화유산
글공작소 글 | 14,000원

공부가 되는 저절로 고사성어
글공작소 글 | 15,000원

〈공부가 되는〉 시리즈는 계속 출간됩니다.

공부가 되는 한국대표고전 1, 2 (전2권)
글공작소 글 | 각 13,000원

공부가 되는 셰익스피어 4대 비극·5대 희극(전2권)
윌리엄 셰익스피어 원작 | 글공작소 엮음 | 각 14,000원

공부가 되는 논어 이야기
공자 지음 | 글공작소 엮음 | 14,000원

공부가 되는 경제 이야기 1, 2 (전2권)
글공작소 글 | 각 13,000원

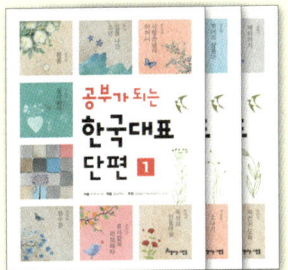
공부가 되는 한국대표단편 1, 2, 3 (전3권)
박완서 외 지음 | 글공작소 엮음 | 각 13,000원

공부가 되는 로빈슨 과학 탈출기
대니얼 디포 원작 | 글공작소 엮음 | 13,000원

공부가 되는 과학 백과 우주 지구 인체(전3권)
글공작소 글 | 각 13,000원

공부가 되는 일등 멘토의 명연설
글공작소 엮음 | 13,000원

공부가 되는 가치 사전
글공작소 엮음 | 13,000원

공부가 되는 톨스토이 단편선
레프 톨스토이 원작 | 글공작소 엮음 | 13,000원

공부가 되는 이솝 우화
이솝 원작 | 글공작소 엮음 | 13,000원

공부가 되는 창의력 백과
글공작소 글 | 14,000원

공부가 되는 재미있는 어휘사전
글공작소 글 | 14,000원

공부가 되는 삼국유사
일연 원작 | 글공작소 엮음 | 14,000원

공부가 되는 삼국사기
김부식 원작 | 글공작소 엮음 | 14,000원

공부가 되는 아메리카 이야기
글공작소 글 | 14,000원